U0918874

不懂管理常识，你还敢带团队？

MBA商学院最受欢迎的团队管理入门课程

赵伟 著

民主与建设出版社

博集天卷 CS-BOOKY

图书在版编目（CIP）数据

不懂管理常识，你还敢带团队？/赵伟著.—北京：民主与建设出版社，2014.12

ISBN 978-7-5139-0505-3

Ⅰ.①不… Ⅱ.①赵… Ⅲ.①企业管理—组织管理学 Ⅳ.①F272.9

中国版本图书馆CIP数据核字（2014）第256550号

不懂管理常识，你还敢带团队？

出 版 人：许久文
著　　者：赵　伟
责任编辑：程　旭
监　　制：于向勇
策划编辑：马占国
文字编辑：王　蕾
营销编辑：刘　健
封面设计：主语设计
出版发行：民主与建设出版社有限责任公司
电　　话：（010）59419778　59417745
社　　址：北京市朝阳区曙光西里甲六号院时间国际8号楼北楼306室
邮　　编：100028
印　　刷：北京天宇万达印刷有限公司
版　　次：2015年1月第1版　2015年1月第1次印刷
开　　本：787×1092　1/16
印　　张：15.5
书　　号：ISBN 978-7-5139-0505-3
定　　价：35.00元

导读

手把手帮你建立
强大高效的管理体系

★ MBA 商学院最受欢迎的团队管理入门课程，百万畅销书《给你一个团队，你能怎么管？》基础篇，手把手帮助管理新手建立强大高效的管理体系！

★ 一本可以系统教你管理学与组织行为学的简读本！通用电气、联想、苹果、丰田、微软等全球 500 强企业都在学习的“管理入门”课程！简单易懂，上手可用，直接高效！规划、沟通、激励、领导、决策、执行一个都不少！

★ 许多管理者学了许多的大道理，但是在管理中仍然遇到了许多困惑；许多团队有最适合的文化价值观，最优秀的人才，但仍然效率低下，执行不到位，内部沟通不顺畅。这些往往都是由于管理者对于管理常识的误解所造成的。

★ 本书的主要目的在于纠正管理者在管理中对于一些常识的误解，同时提供了经过实践检验的、行之有效的方法让管理者从低效的、烦琐的日常管理中解放出来，轻轻松松地增加绩效、提高效率。

全球500强企业都在学习的“管理入门”课程！

阅读本书，你将学会百分百的管理常识：

1.组建一支优秀团队的常识！

（1）对团队文化量身定制的常识！

（2）打造统一的团队精神的常识！

（3）有效设定团队目标的常识！

（4）合理规划团队工作的常识！

（5）有效激励团队成员的常识！

（6）进行团队内部沟通的常识！

2.将日常工作进度量化的常识！

（1）建立完整的执行体系的常识！

（2）识别每位成员优劣的常识！

（3）提升团队成员专业能力的常识！

（4）对团队成员进行高效组合的常识！

（5）对团队成员进行控制与考核的常识！

（6）让下属主动执行和快乐执行的常识！

（7）打造开放而又公平的晋升平台的常识！

3.进行放权与监督的常识！

（1）建立淘汰机制的常识！

（2）避免用人误区的常识！

（3）化解团队冲突的常识！

（4）增强团队凝聚力的常识！

（5）保证团队执行力的常识！

（6）增强团队竞争力的常识！

目录

CONTENTS

序

如何提升员工的凝聚力与执行力

我们想要学习好管理，首先必须理解和掌握管理的常识。那些真正地拥有健全管理体系的企业，都把管理常识运用到了极致。但是，在管理常识中最重要的是什么呢？是我们把无数的管理定律贯彻下去就可以了吗？当然不是。我想阐述的第一个管理中的概念，同时也是被大多数管理人员忽略的常识，就是责商。

对一个人来说，除了智商、情商外，还有责商，也就是责任商数，即DQ（“Duty Quotient”的简称）。我们都知道，一名合格的员工需要具备较高的智商，也要拥有全面的情商，但责商又是什么呢？

当人们上升到组织行为和组织心理层面上去看待企业的问题时，“责任商数”就表现为一个人对自己、对他人的责任心，对企业、团队的责任体验和责任认知的能力以及由之掌控的行为结果。

也就是说，一个人的责商越高，他就越能正确看待自己和他人，就越容易与他人沟通、交流和协作，并且越能够意识到自己应该履行何种责任，应该如何高效、持续地推动个人行为，去为企业的整体利益采取积极的行动，并且产生积极的结果。这与凝聚力和执行力息息相关。甚至可以说，团队成员责任心的强弱，直接决定了这个团队的凝聚力，还有对目标和计划的执行力，最后影响到我们管理企业的能力，塑造企业的管理制度。

经过大量而长时间的对比和实证研究，我认为，责任力应该是一个人所有能力中的第一大能力，是管理员工的第一项基本要求。因为没有责任力，你对员工的管理就失去了落脚点。每一家企业、每一名管理人员都必须首先强调员工的责任力，想办法提高他们的责任力。只有做到了这一点，企业才有了基本的凝聚力和执行力，才能走上正轨，虽然这还远远不够。

我们知道，现在许多的管理专家一直在强调企业的执行力、学习力、决策力。我觉得这些都很对，但它们的作用有一个基本的前提——不能也无法脱离“责任力”的基础。

管理为什么很难呢？因为人性十分复杂，人的本能十分强大。人很精明，又很自私，同时人又具有强大的协调、集体贡献的能力，这就是人的复杂性。

比如，办公楼的过道上有垃圾，有的人见了，无论旁边有没有人都会把垃圾捡起来；有的人则恰好相反，无论旁边有没有人都视而不见，甚至还从垃圾上踩过去；还有一些人，当旁边有人时，他们会自动把垃圾捡起来，若没有人，就不会捡拾，因为他是做给别人看的。所以，在管理中，有的员工只会干老板知道的工作，否则就想办法偷懒，甚至完全将工作扔到一边。

这是一种很普遍的现象。如果一个团队有两成这样的人，麻烦就大了，不但没有凝聚力、执行力，甚至可能连生存都是问题，因为他们在拖团队的后腿。如果你很想清除他们，换一部分新人，可能短期内情况会有所好转，但过一段时间你会发现，还是有两成这样的家伙。

在上面那个捡垃圾的故事中，第一种人是完全负责任的人，第二种人是完全不负责任的人，第三种人是表面上负责任的人。在一个团队里，这三种人往往都存在，而在我们中国企业的管理过程中，不负责任或表面负责任的现象是极为普遍的。

很多中层干部、团队骨干，他们有知识、才能、经验、智慧等，可就是不负责任、混日子，随心所欲，这在国企中是很明显的，而在民营公司中也并不罕见。很多时候老板没有办法，想改变这种情况，但他们就像漂在海上的小船，随波逐流，对于事态的发展无能为力。

因此，就本书将讲到的内容而言，我提出的一个建议就是——从管理的现实看，我们首先需要提高中高层干部的责任力，这是关键中的关键。他们能带动一批人，通过授权可以分担绝大部分的责任，然后来逐步地培养出具备“高责商”的基层员工。

不负责任的人，出了问题后总是抱怨，不会从自身找缺点，他看不见自己执行上的问题，反而怪公司、怪领导，有的甚至还怪社会、怪体制。谁都对不起他，老板很坏，同事很坏，客户很狡猾。一旦他具有了责任力，态度就会发生巨大的改变，以前认为自己很受委屈、受伤害，现在就能改变视角，端正自己的工作态度和处事方式。

责任感增强了，员工就有了荣誉感、成就感。他们就会主动工作，想办法解决工作中的问题，凝聚力和执行力就得到了提高。因此，增强员工责任力是我们对人进行培训和提升其工作效率的前提，同时也是高端管理培训的一部分。

当然，这不是一个短期的过程，不可能立竿见影。它需要不断地深化、观察和挑选员工，进行优胜劣汰。我们在书中强调这样一个理念：让员工去提升自己，去向自己要效率，而不是等着公司去照顾他，去像操纵提线木偶一样操纵他。所以，只要学会了向员工灌输这样的理念，你就真正懂得了管理。

有的人觉得企业的管理很难，有的人觉得很简单，其实秘密就在这里。大量成功或失败的企业管理案例都证明，企业管理的很多问题都可归结于人的责任，责任心的问题不解决，包括绩效考核在内的许多制度也就成了无源之水和无本之木了。

但是，如何让员工提高责商，提升责任力呢？马斯洛的需求层次论就是一个很好的理论基础。

这个理论把人的需求分成生理需求、安全需求、社交需求（指“归属与爱”）、尊重需求和自我实现需求五类，由较低层次到较高层次依次排列。其中，自我实现需求是最高层次的需求，只有前面的四项需求得到了满足，这一需求才会产生。

缺乏自我实现需求的特征是什么呢？

是人们觉得自己的生活被空虚感包围，感到无聊，赚再多的钱也没意思，急需能让自己感到更充实的事物。这时候，人们会开始认为价值观和道德观是比物质财富更重要的东西。如果我们能让企业中的管理者和员工都能达到这种需要的层次，那么就可以认为我们的管理是成功的，企业也是成功的。

所以，我们需要把“人的需求”融入企业的管理中和文化建设中，我们要把它视为企业管理的核心，并把它制度化、规范化和系统化。这个基本的框架具备以后，我们就能有针对性地做很多有效实用的事情，而不是夸夸其谈、纸上谈兵。这个时候，我们就能用更高级的文化系统去做管理，去满足他们最高的需求，让他们觉察不到这其实只是一种管理的手段。

另外，我还要特别强调的是，在企业的管理中，制度本身也同样面临着问题，那就是管理制度需要变化。管理制度不是一成不变的，不可能制定好了一套看起来很有效的管理制度，就从此万事大吉了。很多成功的企业都成功贯彻了一条原则：凡是执行不了的制度，就要把它废掉。如果感觉到某一条制度不合时宜了，那么就尽快把它改掉。有制度但不执行比没有制度还糟糕，这是执行力的杀手，也是凝聚力的绝症。

在本书中，我们将从责商扩展开来，阐述管理企业时必须了解与运用到的基本常识、经常面临的困惑以及行之有效的解决方法，这一切都可以让管理者从低效的、烦琐的日常管理中解放出来，轻轻松松地增加绩效、提高效率。其实，这些是大多数优秀的管理者都知道的常识，我将根据自己的实践经验系统地进行总结，并且与大家分享。

Part 1 第一部分

裁员的常识

我们把一杯酒倒进一桶污水里，得到的是一桶污水；把一杯污水倒进一桶酒里，得到的仍然是一桶污水。可见，“污水”成员对整个团队的破坏性是很大的。因此，企业管理者必须及时发现并处理团队中的“污水”成员。

◎ 善用“末位淘汰制”

我们的公司在发展过程中会遇到各种挑战。面对这些挑战，管理者只有采取相应的措施，才能使自己的团队（企业或部门）在激烈的市场竞争中立于不败之地。末位淘汰制就为企业提供了这样一种非常有效的方式。

“2+7+1”分类：把排在最后的“1”及时清除

淘汰的前提是分类。一个部门或一个团队有很多员工，他们分别扮演着不同的角色，承担着不同的任务，做出着不同的贡献，自然也就有了高低之分。将员工分成重要、一般重要和不重要这几种，再基于他们的工作表现去圈出那些可以或必须淘汰掉的人，就为企业的裁员提供了合理的依据。

现在，这种分类法在末位淘汰制中非常流行。它的核心是，根据业绩的不同将员工分为三类：A 类的员工占 20%，这类员工的薪酬最高；B 类的员工占 70%，这类员工是企业发展的中坚力量；C 类的员工只占 10%，他们将面临被淘汰的危险。因此，这种分类法也被称为 10% 淘汰法则。

凯伊是一个事业型的青年，他的朋友都叫他“潜力股”。大学毕业后，凯伊打算自己创业。在筹集了足够的资金后，他代理了一家公司的产品，并为此招聘了十几名员工作为销售人员。然而，没过多久，他的公司就因为管理不善而面临困境。

原因出在哪儿呢？凯伊发现，是因为自己为销售人员制定了统一的薪资标准和销售提成。刚开始，员工们的工作热情都非常高涨，取得了很好的业绩，说明这个制度在初期还是有效的。然而很快，他就发现有一部分销售人员失去了斗志，在工作中投入的热情明显减少了。

业绩很好的业务员是这样说的："我靠自己的能力拿到薪资，这种方式让我可以发挥自己的能力。但是，这样的方式并不足以将我与普通的业务员区分开来，我们拿着同样的底薪，我努力工作一个月之后拿到的薪水并不比普通的业务员高多少。我辛辛苦苦工作一个月与我轻轻松松工作一个月的薪资没有很大的差别，我为什么不让自己轻松一点儿呢？"

业绩平常的业务员对此的看法是："虽然我的业务能力在销售过程中逐渐提升，但薪资水平没有达到我预期的效果。"

业绩很差的业务员是这样说的："虽然我的业绩很差，但我的薪资还是有保障的，公司对我们真是关怀备至。"

在了解了员工的状况之后，凯伊认为必须改变对员工的价值评价标准，让他们有危机感。于是，他主动去找其他企业的管理者探讨经验，学到了末位淘汰制，并将其应用到了自己的公司。很快，他公司的状况就有了改观。因为随着不少业绩较差的员工的离职（解雇），员工的工作积极性明显提高了。

凯伊说："现在，在我的公司中，有能力的员工的工资是平常员工的两到三倍，这激发了普通员工的斗志，他们都在努力提升自己的业务水平。而一些业绩很差的员工，我给了他们两个月的提升业务的时间。一部分人在两个月后业绩水平有了很大的提升，甚至成了业绩突出的业务员，另一部分人则在两个月后离开了公司。这样，我的公司的利润就得到了最大的保证。"

从这个案例中，我们不难看出，末位淘汰制的确对提升企业的业绩产生了积极的影响，同时我们也注意到，有 10% 的业务员会面临被淘汰的危险。

接下来的问题是——对于他们来说，这样的模式是不是有点儿不近人情呢？

如何对待被抛弃的那 10%？

我们来分析一下末位淘汰制对员工产生的影响。显而易见，对于 A 类员工来说，这样的模式使他们获利最多，当然，前提是他们为企业创造了足够的利润。对于 B 类员工来说，这样的模式也给他们的发展提供了动力。那么，对于 C 类员工来说，情况怎样呢？

员工在企业里工作，不只是为了赚取高额的薪水，更重要的是为了提升自身的能力，并找到一条真正适合自己发展的道路。因此，对于 C 类员工来说，如果在两到三个月之内还没有适应这份工作或者取得不了一定的业绩，就证明这份工作并不适合他。而且，如果糟糕的业绩持续下去，还会打击员工的自信心，甚至会影响员工的世界观和价值观，这对员工来说无疑是一种更大的伤害。

以务实的眼光来看待企业与员工之间的关系，末位淘汰制则显得更为重要。企业追求的目标是通过优秀的业绩获取巨大的经济效益，并为员工创造福利。只有企业的利润得到保障，员工的福利才能真正实现。从这个方面来讲，末位淘汰制对业绩不好的员工、其他员工以及企业来说都是有益的。

你可能还会问：虽然企业给了这 10% 的员工一段时间来提升自己，但是在这段时间里，员工随时面临被开除的危险，怎么能积极地面对工作呢？这其实是一个很简单的问题，我们用一个小故事来做解释。

斯塔是一个刚出校门不久的大学毕业生，他的技能很高，但对环境的适应能力很差。经过几次面试后，斯塔最终在一家规模比较大的企业里工作了，当然，这家企业也采用了末位淘汰制。

一个月过后，斯塔并没有取得好的业绩，他的业绩落后于几乎所有的员工，而且看起来没有一点儿赶超同事的机会。于是老板就将他叫到了办公室，对他说："小伙子，你有什么问题吗？"

老板的问题让斯塔意识到了事态的严重性，他知道自己很可能会被开除。"我知道我的业务能力确实低于其他员工……"他的话还没有说完，老板就打断了他："我知道打断别人的话很不礼貌，但是斯塔，你好像曲解了我的意思，我是问你有什么问题吗？"

斯塔一头雾水，但他仍然强撑着仅有的自尊来面对老板的问题："在与客户聊天时，我发现自己并不能真正了解客户的意思，这使得客户对我产生了反感。我承认我在沟通上存在很多问题，这些问题一直困扰着我。"

老板继续问："斯塔，你还有什么问题吗？"

斯塔只好又说道："我发现放弃自己的专长，选择自己并不擅长的业务领域是一个错误。"

这才是老板真正期待的回答："看，你终于发现问题了。"接着，老板递给斯塔一封辞退信。斯塔垂头丧气，心想自己果然逃不过被辞退的结果。但这时，老板说道："我们这里缺少一名优秀的技术人员，你愿意为我工作吗？"

斯塔当然很愉快地接受了老板的提议，在后来的工作中，他确实意识到自己当初选择的领域是错误的。

从这个故事中，我们可以看出，每个人都有自己擅长的领域，在自己不擅长的领域里工作就如同拿自己的弱势与别人的优势竞争，这很容易导致员工在工作中出现严重的问题，于是就增加了被裁掉的概率。我们帮助员工找到这个根本原因是很重要的。

回到刚才的问题，员工被辞退可能有两种原因：一是员工的工作状态出现了问题，导致业绩失常。这是暂时的问题，很容易解决，员工通过自身的调整，就可以改善自己的工作状态。二是员工出于利益或其他原因选择了自己并不擅长的领域，致使其不能胜任自己的工作，从而产生了这样的后果，就像案例中的斯塔一样。在这种情况下，他们首先应该考虑去重新选择自己的职业，而不是将注意力都放在如何解决自己工作中面临的具体问题上。

作为老板，你应该及时告诉他们这一点，而不仅仅是把他们裁掉了事。

优胜劣汰，才能培养人才

末位淘汰制看上去很残酷，但它真实、客观地提供了一种能让员工与企业共同发展的机制。员工的能力可以促进企业的发展，企业的发展又会给员工带来更好的福利，所以从广义上讲，末位淘汰制是一种真正能实现双赢的机制。当然，它也对企业和员工提出了较高的要求。

1. 企业要为员工提供一个宽阔的发展空间

员工在企业中工作有两个目的：一是获得丰厚的物质回报，二是取得事业上的发展和成功。企业要想使员工积极工作，为企业创造更多的利润，就必须制定一套完善的晋升机制，以满足员工对事业发展的需求。

2. 企业要对员工关怀备至

虽然末位淘汰制是一种非常适合企业的管理方式，但从情感角度讲，这种机制确实会影响一部分员工的工作热情。因此，企业管理层要时刻注意员工在工作过程中的情绪波动，并及时给予员工关怀和鼓励，这样才能保证员工的工作热情，有效抑制消极情绪带来的不良影响。

3. 企业要有健全的培训体系

员工的能力与企业的利润之间有着直接的联系。企业要想使员工具备超强的技术水平或业务能力，就要建立健全的培训体系，才能有效提高员工的工作热情和效率。

那么，作为员工，面对末位淘汰制时又该怎么做呢？

首先，迅速接受并融入新环境。

对新员工来说，这是一个必经的过程，也是自身能力体现的过程。只有迅速融入新的工作环境，才能在企业的培养下迅速成长，迅速走出可能被淘汰的困境。

其次，积极面对工作，积极提升自身素质。

员工要积极主动地参与企业组织的培训。因为即便员工的业务能力很强，也难免会遇到新的问题。只有通过企业培训和自身学习，掌握更多的知识、技巧以及生存能力，才能在竞争中立于不败之地。

末位淘汰制是一种竞争机制，它在本质上引发了员工与员工之间的竞争以及企业与企业之间的竞争，这种竞争充斥在我们工作的每个角落。同时，末位淘汰制又是一种公平的机制，它激励我们不断地认识自己、提升自己、完善自己，为实现自己的目标而努力拼搏。

◎ 发现：及时看到团队中的“污水”

我们把一杯酒倒进一桶污水里，得到的是一桶污水；把一杯污水倒进一桶酒里，得到的仍然是一桶污水。可见，“污水”成员对整个团队的破坏性是很大的。因此，企业管理者必须及时发现并处理团队中的“污水”成员。

关爱人才，同时也要关注“蠢材”

企业是一个由多个团队协同配合获取利润的团体。由能力出众的员工组成的团队能为企业创造出非常可观的利润，这归功于管理者对人才的重视。然而，优秀的团队在发展过程中也会因某些方面的原因而失去战斗力。为什么会出现这样的问题？因为管理者在注重人才的同时忽略了对于那些“蠢材”的发现。

在企业中，员工应该被分为三类。

1. 人才型员工

这类员工是企业发展的引领者，他们具备过硬的技术水平、很强的管理能力和解决问题的能力，对企业的价值很大。对人才型的员工，管理者要给予足够的重视，尽可能为他们的成长和发展创造条件。

2. 平庸型员工

之所以被称为平庸型员工，是因为这样的员工虽然具备了一定的技术能力，但他们的管理能力和解决问题的能力并不能让人满意。但这种类型的员工通常都比较踏实肯干、任劳任怨，能够为企业的发展付出自己最大的努力，是企业的中流砥柱。

3. 蠢材型员工

之所以被称为蠢材型员工，并不是因为他们反应迟钝或能力弱，而是因为他们有一些致命的缺点，比如懒散、消极、嫉妒、攀比……同时这样的员工还具备“污水”的污染能力，他的某些恶习或者错误的观点总能在人群中传播。对于企业的发展来说，这种类型的员工就像定时炸弹，一旦爆炸就会引发灾难。

在美国芝加哥有这样一家企业，它的管理者史蒂芬在企业刚起步的时候招进了大量的人才，对他们也非常重视。而且，有一些人还进了公司的管理层。但是没过多久，史蒂芬就发现，在自己的关键团队中混进了一名产生负能量的手下——承担部门管理重任的桑尼。

桑尼虽然能力很强，但他有一个最大的缺点，就是喜欢在私底下议论别人，挑拨同事之间的关系，这让公司的氛围逐渐变得很差。正是这个看起来并不显眼的“小缺点”，使得桑尼成了害群之马，也变成了团队中的“污水”成员。

受到他的影响，这种坏习惯很快在团队中传播开来，许多人都染上了这种恶习。而且桑尼又是管理层的一员，起到了极坏的示范作用，这让公司的工作氛围变得一团糟。整个团队都因受到这种氛围的影响而变得消极起来。

这时，史蒂芬感慨地说：“原来一个企业想要发展壮大，只看到那些优秀的人才是不够的，还要避免自己的团队中有这样能摧毁整个集体的人。”

“污水”不一定就要倒掉

在企业的管理中，管理者随时都可能会遇到问题员工，然而并非所有的问题员工都具备“污水”的效应。有些员工虽然具有一些影响团队团结的因素，但通过一定的方式可以将问题纠正过来，让他们适应团队的工作，并起到正面的作用。

同时，作为管理者要意识到，这个世界上并没有一个真正纯净的环境，不可能要求所有的员工都是完美无缺的。而且，问题员工与人才型员工之间也存在一个博弈的过程，在这个过程中双方都可以得到不同程度的成长。

有一位优秀的围棋大师，他的围棋水平已经达到了很高的境界，在全世界都享有盛名。这位围棋大师有很多的学生，他们的围棋水平参差不齐，在围棋大师年老之后，他决定亲手培养两个最具有潜力的弟子。

在一段时间的考察之后，围棋大师最终选定了A、B两名弟子来亲自教授。他发现A弟子下棋的特点是十分慎重，这使得他的围棋水平一直保持在一个相对稳定的水平上，输赢都没有意外。谨慎当然是好的，但这种性格也阻碍了他棋艺的提升。B弟子与A弟子正好相反，他机智而且思维敏捷，能够快速地寻找对手的漏洞，变换自己下棋的手法。所以，他经常可以赢过自己的师父，但也时常会输给实力不如自己的对手，发挥很不稳定。

在思考良久之后，围棋大师决定让A、B两个弟子朝夕相处并进行充分的博弈，互相拿对方练手。在开始的阶段，两个人的情绪都受到了很大的影响，A弟子由于稳重而出手缓慢，B弟子却因为机智而出手迅速，双方完全不能适应对方下棋的方式。他们甚至向师父要求给自己换一个舒服一点儿的对手，这当然遭到了师父严厉的拒绝。

三年之后，围棋大师离世，在临终之前对两个徒弟说："现在，你们的围棋技艺已经有了很大的提高，因为你们都战胜了自己。"原来，在三年的对弈中，A弟子的围棋技艺稳重中多了一些机智，而B弟子的围棋技艺机智中也多了一些稳重，两个看起来都有缺点的弟子最终都成了围棋大师最得意的弟子。

从这个事例中我们可以看出，人的缺点可以在与他人互补的过程中得到改善，关键看你如何找到正确的办法。从企业管理的角度讲也同样如此，企业中没有完美的人才，每个人都有自己的缺点。放在特定的环境中，这种缺点就起到了"污水"效应，对团队构成了不小的危害。但如果巧妙地为他们变换环境或搭配工作伙伴，就有可能使他们优势互补、扬长避短。

当然，有一点需要着重地点明，这里所说的"污水"是指不具备强大污染能力的"污水"，即具有"非致命的缺点"的，可以改正和提升的员工。如果管理者面对一个缺陷极为明显、对团队工作杀伤力极大的员工，那么他就是具有强劲污染能力的"污水"了，你只能把他从企业中清除出去。

◎ 找出：把“扯后腿的人”揪出来

要清除团队中的“污水”，发现那些扯了团队后腿的人是关键一步。因此，要有一双识人的慧眼，比你拥有强大的单打独斗的能力更加重要。有的管理者虽然具有很强的业务能力，一个人能干十个人的活，对身边的下属却缺乏判断力，部门内充满了不务正业的人，给公司带来很多的负能量，但他就是看不到。管理者如果当到这种地步，即便能力再强，也是很失败的。

如果你曾经用竹篓装过螃蟹，你一定能发现这样一个有趣的现象：当竹篓中只有一只螃蟹的时候，螃蟹很容易爬出来，而一旦竹篓中有两只以上的螃蟹，不管它们怎么爬都爬不出竹篓。

因为，每一只螃蟹都争先恐后地想爬出来，结果却扯了对方的后腿，这样恶性循环，最终导致所有的螃蟹都爬不出来。这种现象也被人们称为“螃蟹效应”。一个好的管理者，就应该能够在工作中及时看到那些在下面扯后腿的“螃蟹”，采取正确的举措，对其进行迅速处理。

关注长远利益，减少团队内耗

在企业管理中，“螃蟹效应”对企业发展产生的影响是非常大的，企业员工或者管理者由于私心的影响，只注重眼前利益和自身利益，置企业的利益于不顾，使企业蒙受损失，这是一种由于道德和制度的双重缺失而产生的现象。

由“螃蟹效应”而引发的组织内耗是企业中常见的现象，在沃恩的企业中就曾发生过这样的现象，当然这并不是个别的现象，或许你也正经历或者面临同样的问题。

沃恩经营着一家汽车销售公司，在经历了几年的磨砺与拼搏之后，沃恩的公司初具规模，然而，正当沃恩准备加大投入扩大公司规模的时候，他却敏锐地发现公司正面临着一个巨大的问题，如果这个问题得不到良好的解决，公司的发展将不可避免地受到制约。

司农是沃恩的表弟，公司建立伊始，他就跟随沃恩拼搏奋战，现在他是公司策划部的经理。沃恩一直认为他是一个心胸开阔的人，对他十分器重。然而，随着公司的不断壮大，司农却变得越来越重视自身的利益了。这种“私心”逐渐地发展，引发了不正当的内部竞争，甚至扯了公司的后腿。

作为一个销售型的公司，对销售以及市场部增加投入本身是一件无可厚非的事情，然而，司农对此非常不满，因为他领导的策划部的效益总是很不明显，收入不是太高，销售部的经理却拿着比自己高的薪水，过着比自己悠闲的生活。于是，他开始处处排挤销售部的经理，甚至制造谣言来诋毁对方。

一开始，沃恩轻信了司农的建议，辞掉了销售部经理。但当销售部经理找到沃恩，和他进行了坦诚的对话后，沃恩这才意识到自己在公司人员管理上出了问题——他信错了人。

销售部经理叫作卡奥，卡奥在被解雇之后马上来到了沃恩的办公室。他说：“您好，沃恩先生，现在我不必称呼您为老板，反倒让我觉得很亲切。”

沃恩对于卡奥的了解并不多，这位经理在自己的公司任职不到半年，虽然他的业绩很好，但是以司农的观点来看，卡奥是一个私欲很强的人。

卡奥继续说：“我并非想解释什么，我确实不适合从事销售行业，因为我发现自己有时候说的话并不会被客户接受。司农在这方面有着很好的天赋，您大可以放心地任用他，他总能让别人相信他说的是对的。”

这时，我们能看出卡奥真正的意图，他确实想挽回这份不错的工作，但他没有用强硬激烈的言辞对司农进行控诉，而是委婉地表达了自己的想法。

这反倒引起了沃恩的注意。在经过仔细的调查之后，他终于发现了问题之所在，司农的私心使沃恩险些铸成大错。而且在调查的过程中，他还发现司农在公司所造成的负面影响并非仅此而已。现在，在公司的许多部门，员工追逐私欲这种恶劣的风气已经形成，对公司的经营和企业文化都产生了严重的不良影响。虽然在表面上这些问题还没有完全显现，但他知道，如果不及时解决，那么接下来公司的发展一定会出现大问题。

最终，沃恩找司农进行了一次长谈，教育并且说服了对方去改正自己的缺点。至于曾经被辞退的卡奥，他现在已经是公司的二把手了，成了公司真正的顶梁柱。

“窝里斗”的表现形式

竞争是企业进步与发展的动力，企业间的竞争可以使企业具备危机感与紧迫感，企业只有通过不断的发展与进步才能在激烈的竞争中立于不败之地。同时，企业内部的员工，由于能力的不同也存在着竞争，这种良性的内部竞争可以促进员工的发展，为企业间的竞争提供强大的动力。

不过，在现实的企业管理中，这样的竞争由于私欲的影响很容易发展成为“窝里斗”，从而产生巨大的组织内耗，影响企业的发展。

这种“窝里斗”表现为三种形式：

第一，员工之间的利益纠纷。

由于职权所限，普通的员工并不具备很大的职权，控制不了太多资源，因此，单个的员工与员工之间的“窝里斗”并不能直接影响到企业的发展。但是这种斗争一旦扩大，就会形成小群体之间的斗争。在企业中，由于利益的不同或者某些情感因素，你会发现同一个群体中会分为几个不同的小群体，它们为了保护各自的利益经常进行“窝里斗”，把企业的整体利益抛诸脑后。一旦个体的斗争升级为小群体之间的斗争，就很容易影响到团队的工作效率，对企业发展造成不良影响。

第二，部门与部门之间的利益冲突。

因为部门往往具有独立的职权，也拥有自己独立的利益需求，因此，部门与部门之间的斗争所造成的组织内耗是非常严重的，这一点管理者不能忽视。由于企业性质和发展需要的不同，企业往往会偏重于某个或者某些部门。比如一个汽车销售公司，它很可能对市场部与销售部“关怀”更多。然而，一项工作的顺利进行需要各部门之间紧密有效的配合，被忽视的部门与被重视的部门之间很容易发生冲突，从而产生组织内耗。

第三，企业不同阵营间的价值观和目标冲突。

在企业的发展中，不同的派系或阵营间会存在不同的目标，也有不同的价值。那么他们之间也会存在巨大的内耗，而且这种冲突造成的后果比前两者更为严重，比如企业的目标与企业中一些员工所期待的不同，他们就会出工不出力，甚至出现集体跳槽、背叛企业的情况。对于这种情况，正确的处理方法是通过不断地融合和协调不同人的目标，统一企业价值观，让所有人都凝聚到一个共同的价值观和目标之下，才能避免“窝里斗”。

在现实中，一些自私的员工或部门在遇到上述情况时，经常会选择不正当的手段，来控制并打压可能影响自身发展的个人或团体。这样就使他所处的部门或者团队，也就处于一种被压抑被限制的状态，很难实现团队的进步与发展。此时，拖企业后腿的现象就出现了。

总而言之，私心与私欲是导致“螃蟹效应”产生的根本原因。而企业的发展一旦遭遇“螃蟹效应”，就会产生巨大的组织内耗，影响企业的效益，甚至使企业的发展滞后。

杜绝“窝里斗”：营造团结而且公平的竞争环境

良好的企业环境可以给员工营造并提供舒适温馨的工作平台，提高工作效率，进而对企业的发展产生积极的影响。同时，良好的企业环境还能有效地避免组织内部之间的冲突，减少组织内耗。一个好的企业环境要依赖于良好的企业文化、公平公正的管理制度、科学的绩效考核以及完善的人才管理模式。当然，最重要的是要有有效的执行力来实现这些目标。

作为企业来讲，首先要创造出团结协作的企业文化。以团结协作为企业文化的重点，时刻关注员工的行为，并及时做出有效合理的处理。从企业的高度对员工的行为以及思想提出要求，对于为企业文化做出贡献的员工，要给予充分的奖励，对于危害企业文化的员工给予严厉的批评以及惩治。这样，就很容易在员工内部形成一种团结协作的工作氛围。

公平公正的管理制度，是企业灵魂和企业威信之所在。制度面前人人平等，所以，依靠制度来约束或引导员工的行为，可以使员工充分理解团结协作的重要意义，并遵从协作的观念，进而形成良好的工作氛围。

绩效是员工工作能力的重要考核标准，它可以清晰地展现出员工的工作状态，并让管理者清楚地看到员工所存在的问题。同时，我们依靠绩效来调整员工的职位，也更能体现公平的思想。

俗话说“能力说明一切”，虽然在某些方面具有一定局限性，但也能在一定程度上反映出问题之所在。比如，一个员工在近几个月内的绩效出现了明显的下降，这就反映出员工的工作状态或者工作流程肯定出现了某些问题，制约了他的正常工作，从而降低了他对公司的贡献。这样才能顺藤摸瓜地找到问题的根源并及时解决问题，而不是漫无目的地大海捞针。

完善的人才管理模式是人才实现自身发展、体现自身价值的关键所在。一个企业一定要具备一套完善的人才管理模式，这不但可以帮助企业发现人才，同时还会对人才的发展产生积极的影响。企业发展的关键，不仅在于发现人才，更重要的是我们要懂得造就人才。完善的人才管理模式既可体现出管理者对于人才的重视，又能体现公平公正的原则。

如此一来，每个员工都会为成为企业所需要的人才而努力，进而形成良好的企业氛围，为企业的发展提供强劲的动力。

最重要的一点是，如果没有强有力的执行力，那么上面所提到的措施都将成为空谈。这同时也体现出一个企业将目标转化为行动的能力，这种能力会直接影响到企业的发展和员工对于企业的愿景。一个不具备执行能力的企业，很难使员工信服，也很难使员工的愿景与企业的目标产生共鸣。

如果企业总是不断地提出新的发展策略，却无法付诸行动，那么就会使员工产生“画饼充饥”的印象，而这种不切实际的激励是很难长久维持员工积极的工作状态的。只有将目标准确地落实为实际的行动，并且产生一定的效果，才能使员工对于企业产生强大的精神信仰，这样更有利于企业文化的落实，才能为公司建立起公平公正的现代化管理制度，才能有效地施行人才管理模式，最终推动企业的发展。

◎ 清除：将“坏苹果”踢出团队

如果将一个坏苹果放进一堆好苹果中，好苹果将会逐渐腐烂变成一堆坏苹果。这也就是说，团队中个体的态度将会影响到整个团队的氛围，进而影响到整个企业的成败，管理者必须要引起足够的重视。

即便最好的团队，“坏苹果”也无法消除。它时常以隐秘的方式存在于我们的周围，悄无声息地对我们的生活产生潜移默化的影响。这很大程度上取决于我们对“坏苹果”是否有明确的判断以及对其危害性是否充分重视。我们常说“总是跟坏人在一起的人也绝对不是什么好人”。这是对坏苹果危害性的一种理解。这种影响是潜移默化而又不容易被受众感知的，会使团队成员逐渐地被同化腐化，最终失去了道德的标准。

必须随时评估员工的状态

在企业管理的过程中也不乏具备“坏苹果”影响力的人，他可能是一名普通的员工，也可能是一个管理者，甚至是企业的领导，会成为企业发展中容易忽视的毒瘤。我们都知道在一堆苹果中一个苹果的腐败并不容易被发现，当我们闻到气味或者看到腐败的苹果时，我们很可能已经损失了大部分的苹果。由此我们可以看出，企业管理者要具备“忧患意识”，时刻关注员工的状态，将“坏苹果”消灭在萌发阶段。

凯斯迪尔是一位优秀的管理者，出色的管理才能使他在美国商界具有很高的名望。在他的企业中曾发生过一件事，在事后的回忆中，他对此感觉到非常羞愧：“这在我的管理生涯中是最微小的一次失误，却是我人生中最灰暗的一页。”事实的确如此。在他的领导下，他的企业取得了持续而平稳的发展，在企业从刚起步到最终发展成为大型企业的过程中，没有发生过很大的波动，因为凯斯迪尔总是能很好地预见到问题的所在并提前做好准备，这正是他在商界具有很高名望的原因。

然而俗话说：“当你盯着阳光看的时候就很容易忽视背后的阴影。”凯斯迪尔在专注于管理企业的同时却忽视了员工，因为他的日常事务非常繁忙，只有很少的时间去面对员工。

在公司中一名员工名叫萨文，曾经因为盗窃而被拘禁了三个月。本来这样的人是很难找到工作的，因为没有哪家企业愿意雇用一个“小偷”。但在面试之后，凯斯迪尔决定给萨文一个重新开始的机会，所以果断地录用了他。

然而，事情并没有他想得那么简单，萨文在企业工作了一段时间之后，偷盗的劣性很快就暴露了出来。然而由于管理者的疏忽，这种现象一开始并没有被发现，这导致很多员工都逐渐参与到偷盗的行列中来——因为萨文并没有受到惩罚，员工们则认为这是一件可以去做的事情，不用担心会受到老板的处罚。直到有人在外面偷盗被抓后，凯斯迪尔才在员工的宿舍内发现了大量的企业财物。

在媒体的曝光下，这件事很快传遍了加州，对公司产生了巨大的负面影响。虽然凯斯迪尔很好地解决了这件事，整顿了员工的行为，风波也渐渐平息，但这次失误一直让他耿耿于怀，因为他犯下了一个很大的错误，那就是让一个“坏苹果”混进了企业，还污染了很多“好苹果”。

在企业发展的过程中，管理者一直扮演着关键的角色，一个企业的成败往往取决于企业是否拥有一个有能力的管理者。当然，我们并不能忽视团队的力量，但一个“群龙无首”或者“群龙被蛇领导”的团队也绝非一个具备战斗力的团队。一个优秀的管理者除了要具备优秀的管理才能，同时还要具备忧患意识和敏锐的洞察力，能及时发现并清除对团队产生恶劣影响的个体，使团队处于积极向上的发展状态，这样才能保护企业利益不受损害。

谨小慎微是忧患意识的直接体现，细微之处也可以反映出团队所面临的问题。那么“坏苹果”类型的员工会对企业产生哪些不良影响呢？

1. 不端正的态度影响工作效果

员工的工作态度对于团队及企业的发展都会产生深远的影响。处于同一阶层的员工之间，对某些问题的观点和态度很容易产生共鸣，因此，一个员工不端正的工作态度很可能在团队中蔓延扩散，并形成一种不良的氛围，进而影响团队的效率，最终对企业发展产生不良影响。态度决定观念，观念影响行为，而行为则直接影响工作效率，当员工的态度出现问题，就会最终影响到企业的市场形象。同时，态度又是具备可塑性的，通过正确的引导可以使员工的工作态度变得积极，重新营造出团队的良好工作氛围。例如，当员工出现迟到现象时，企业如及时地给予正确的批评指正，员工就能意识到这是一种错误的行为，进而改变上班的态度。如果领导没有及时给予员工正确的引导，那么团队的工作效率就会大大下降。

2. 不良影响在团队内的传染性强

企业环境就如同一个小的社会环境，在这个环境中，个体的行为会对整体的环境产生影响。而坏苹果类型的员工具有很强的传染性，往往会在短时间内对团队的氛围产生很大的不良影响。所以，当你的团队出现某种不正之风的时候，及时发现并控制传染源是解决问题的关键所在。

3. 不良影响对企业的影响面广

个体行为如果不受控制，就很容易发展成一种团队的意识，使整个团队进入一种不稳定的混乱状态。如果这种“坏苹果”类型的员工是企业管理层中的一员，他所造成的影响会更加迅速地蔓延到整个团队。例如，某个部门经理在上班时间总是在睡觉、打瞌睡，这种信息会很快传遍整个团队，团队的成员就会效法其睡觉、闲谈，甚至工作也无精打采，这种行为不能及时加以制止很快就会对整个团队的行为方式、态度、观念产生恶劣的影响直至影响到整个企业的氛围。

及时控制或清除污染源头，是阻止“坏苹果效应”蔓延的最有效的措施。这不禁让我们产生疑问：“坏苹果”是如何产生的？如何从根本上消除“坏苹果”的不良影响？

管理者的责任：到底是谁制造了“坏苹果”？

苹果之所以会坏掉，最根本的原因在于处于适宜细菌繁衍的环境之中，要想保持苹果的完好首先就要营造一个良好的环境。对于企业而言，惰性就好比是侵蚀“苹果”的细菌，枯燥闲散的工作氛围就好比是适宜细菌生长的环境，而这种环境的形成很大程度上要归咎于管理者的工作方式。

企业以团队的形式存在，团队中个体的活跃程度决定了整个团队的活力，并最终影响着企业的氛围和发展。而管理者事必躬亲的工作方式，在很大程度上降低了员工的这种工作热情，使员工的惰性肆无忌惮地发展，最终产生了“坏苹果效应”。

从这方面讲，管理者要为“坏苹果”的产生担负一定的责任。人类的本性中就有惰性的一面，而管理者事必躬亲的工作方式无疑造就了适宜惰性发展的环境。

管理者的工作渗透到员工工作的每个环节，虽然在一定程度上可以减少员工的失误，但同时也会使员工的工作热情受到严重影响。在服从式的工作环境中，员工的创造力被严重地压制，工作变得枯燥乏味，员工很容易出现消极怠工的情况。

根据我们长期的研究，被赋予使命感的工作内容才会受到员工的重视，这种重视就会转化为他们对待工作的热情，进而提高了工作的效率并完成了自我实现。对企业管理者来说，避免“苹果”变质腐烂远比扔掉“坏苹果”更能实现企业的发展，给予员工充分而具有使命感的工作内容，员工将以最大的工作热情回报企业，使企业的发展更加持久稳定。

Part 2 第二部分

授权的常识

对于管理者而言，最重要的不是你在场时公司里的情况，而是你不在场的时候发生了什么。作为一个管理者，你身负企业发展的重任，繁忙的事务使你不可能一直待在公司安排员工的所有事务；同样，对于员工而言，一个事无巨细、事必躬亲的管理者在离开公司之后，他们同样不知道自己该做什么，怎么做。

◎ 授权可以增强员工的工作自主性

对于一个管理者来说，你通常会遇到这样的问题：当你在公司的时候，员工在你的指导或者命令下工作得井井有条，然而当你不在场的时候，你就会开始担心你的员工：他们在干什么？工作完成得怎么样了呢？

最重要的是——你不在场的时候发生了什么

对于管理者而言，最重要的不是你在场时公司里的情况，而是你不在场的时候发生了什么。作为一个管理者，你身负企业发展的重任，繁忙的事务使你不可能一直待在公司安排员工的所有事务；同样，对于员工而言，一个事无巨细、事必躬亲的管理者在离开公司之后，他们同样不知道自己该做什么，怎么做。

我有一个加州大学的同学，他叫罗伯特，由于他的公司事务繁忙，我们之间的联系越来越少，有几次跟他通话他都是说："不好意思，我太忙了，太累了，过段时间再聊吧！"三年之后，我们在一个朋友的婚礼上见了面，罗伯特看起来轻松了很多。

原来，他的企业在一年前被吞并重组，罗伯特现在是新公司的部门经理。“我现在轻松多了，没有那么多的事情等着我处理，我也不用担心员工在干什么，老板已经把所有的事情安排妥当，我只要做好自己的工作就可以了。”罗伯特这样对我说。

“真是不幸，不过也好，现在你可以有时间来面对你的朋友。”我调侃罗伯特说。

他向我讲述了自己之前在企业管理中所遇到的问题。当时，罗伯特贷款经营起那家公司，由于肩负巨大的压力以及自身对未来的憧憬，所以，罗伯特尽量让自己参与公司的所有事务，一定要在自己同意或者批准后，才去实施某项决议。对于罗伯特来说，这样才会让他放心，才能真正地把握公司发展的情况。当时我想到了“君主专制”——没错，罗伯特确实已经是他公司里的帝王。

“每天，我都要花很长的时间来安排一天的工作，这项工作通常是在这一天的凌晨完成，然后我向员工传达我的指示或者命令，然后他们开始工作。”这看起来像是一种非常合理而敬业的态度。然而，“有很多次，当我从外面谈判回来的时候，发现一大帮的员工聚在一起无所事事地谈论私事，更可气的是，他们对于我的到来没有一点儿紧张的感觉。”罗伯特说。

罗伯特问他们：“你们的工作完成得如何了？”员工回答说：“哦，还没有完成。”罗伯特气愤到极点：“你们的这种态度，让我不得不考虑换一批踏实肯干的员工。”员工说：“亲爱的老板，我们在工作中遇到了问题，没有您的决定，我们就无法继续工作……”当员工们解释完之后，罗伯特发现这真的是自己的原因。

就是这样，在经营了两年之后，罗伯特欣然地接受了另一家公司的合并要求。

这个事例让我们不得不考虑一些问题：管理者是员工工作的监督者？管

理者事无巨细的工作方式对于员工来说意味着什么？怎样才能合理地处理两者之间的关系？

制造责任，让员工具有责任感

这一原则所应对的就是一群不知道该做什么，也不知道该怎么做的员工，当然从本质上讲，这并非员工的责任，而是管理者在管理的过程中出现的问题。那么，如何才能让员工知道自己要做什么以及怎么做呢？最重要的就是：使员工具有责任感。一个有责任感的员工会勇于提出自己建设性的意见，并积极地投入到日常的工作中。

比如，当前面提到的罗伯特的企业面临失控的时候，如果有一个有责任感的员工可以提出自己建设性的意见，那么企业不仅不会被吞并，并且可以及时解决问题，进而发展壮大。

那么，如何才能使员工具有责任感？我们可以用一个简短的小故事来做一个初步的说明。

有一天，警察在路上遇到了一个酒鬼，他喝得烂醉如泥，连走路都成问题。警察走上前去帮助酒鬼，却被酒鬼一把推开，在看清酒鬼的面貌之后，警察非常惊讶，原来这个酒鬼正是当地最大企业的总裁。警察将酒鬼送回他的住所，来到门口的时候听到一阵争吵声。于是，酒鬼挣脱警察跑了出去，警察追上去对他说："这是你家，里面吵架的都是你的亲人，快点儿回去吧，他们都在担心呢，你有责任让你的家人知道你现在平安无事。"酒鬼非常伤心地对警察说："那不是我的家，那只是我的房子，里面的人在争我的财产，我对他们没有责任。"

从故事中，我们可以体会到富翁的无奈。面对金钱和利益，富翁失去了家人的温暖变成了酒鬼。从富翁的话中你会发现，责任感正是来源于归属感，也正是由于亲人对他的态度，富翁失去了对于家的归属感，所以才会说：“我对他们没有责任。”

由此可见，要想使企业中的员工产生责任感，首先要为他们创造归属感。

拒绝“我一个人”在工作

太过于以“自我”为中心的管理者往往会出现这样的情况，就像前面提到的罗伯特一样，他们事无巨细、事必躬亲，后果就是忙得焦头烂额，员工却不知道该做什么和怎么做。面对这样的情况，管理者首要的任务就是要创造员工的归属感，让他们知道为谁工作，应该如何去做，进而使他们具备强烈的责任感，从而为企业做出最大的贡献。

我们都知道，权力是归属感的直接体现，一个人之所以会对家有强烈的归属感，就是因为他是这个家族中的一员，对家族中的事务具有发言权与否决权，这样的权力使得家族成员具有了归属感。

这就向管理者为员工营造归属感提供了一种有效的方法：授权。

在我的生活中，我看到过很多这样“悠闲”的管理者。比如，卡里，他是一个大企业的管理者，但是看上去他就像一个到处旅游的“悠闲”的人。卡里每天一早去公司，看看昨天的公司业绩表，对今天的任务统筹安排之后就离开。不过他会定期地开几次会议，对员工出现的问题以及企业发展的事务做出讨论。卡里在公司里具有非常强大的影响力，员工对他都非常尊敬和爱戴。

他有一句让所有员工赞叹的话：“亲爱的员工，你要意识到这是你自己的公司，你自己的企业，你是在为自己的梦想而努力，当你具备了足够的能力领导这个企业，我很乐意将我的位子让给你。”

这是一种多么难得的气魄啊！事实上，卡里也用自己的实际行动成功地证明了这一点。他的员工每天都充满激情，工作效率高得惊人，使他的公司逐渐发展成为全美知名的企业。公司中有一名小员工能力超强，在工作了三年之后成功地晋升为部门经理。当然，卡里兑现了他的诺言，在公司成功上市之后，卡里退居二线成了不干涉具体事务的股东，而那名小员工现在已经成为这家公司的总经理，为公司的发展继续做着自己的贡献。

卡里告诉我："我在上班的时候非常轻松，因为我知道所有的员工都在努力工作着，即使出现问题，主管会告诉员工该怎么做，他有这样的权力。"他在说这句话的时候是一种非常轻松的状态，仿佛他不是一个管理者，而是一个到该公司参观的游客。

其实，聪明的管理者在管理的过程中就应该像一个游客，将你的权力下放到员工的手中，这样做不但不会对你的权力产生影响，反而会使员工认识到自身的巨大价值，产生一种主人翁意识，全身心投入到日常的工作中。

◎ 信任是成功授权的前提

在授权之后，老板对获得授权的下属就不应再随意干涉，并且要做到绝对的放权。这是由美国内陆银行总裁 D. 拜伦提出的一条管理原则，至今在企业管理中仍然发挥着巨大的作用。

管理者通常会面临繁杂的事务，导致自己疲惫不堪。授权不但可以改变这种局面，同时也传达出对下级的信任与鼓励，并且能够在实际的管理操作中提升下级的能力和素养。

不过，管理者在授权之后经常会有所顾虑："他的能力虽然很强，但是他对这些事务的了解却远远不及我。”“要时刻关注事态的发展，有些意外情况还是在他的能力范围之外。”这就很容易导致管理者放权之后对员工继续干涉，这会使员工的能力发展缓慢，更重要的是这严重影响了员工对于管理者的信任与尊重。

缺乏信任，是放权的最大障碍

路易斯现在是一家大型企业的管理者，拥有让所有人都羡慕的财富和地位，然而最让人们信服的是他独到的眼光。很多年前，路易斯在一家大型企业工作，由于工作能力超强而受到管理者的赏识，他的老板曾经很多次提醒他：“你的能力非常出众，我能看出你在管理上的才能。”这让当时只是一个小职员的路易斯非常兴奋，从老板的话中，路易斯感觉自己很快就可以晋升到某一个让自己兴奋的职位。

当然，没有哪个企业会埋没像路易斯这样的人才，他不仅工作能力非常突出，而且在日常的工作中，还表现出出众的领导才能。一段时间之后，他如愿以偿地晋升为部门经理，对于路易斯来说这是一个巨大的鼓励与鞭策，也使他对在企业中的发展产生了美好的憧憬。

然而，两年之后，在他的事业正要走向高峰的时候，路易斯却出人意料地辞职了。所有的员工以及管理阶层都对此非常不解，他们认为路易斯一定是疯了，以他现在的能力，他完全有可能在近期之内晋升入企业的管理阶层。然而，他非常决绝，没有一丝回旋的余地。

“一个好的管理者所要具备的能力并非简单地发现一个人才——这对于平常人来说也不是一件难事，最重要的是懂得如何塑造一个真正的人才。”事后，路易斯讲述了他离开公司的原因。

原来，问题就出在发现他才能的管理者身上，虽然他对自己的上司非常感激，但路易斯发现他的才能并不能在这里得到有效发挥，更谈不上能力的增长。

在被提升为部门经理之后，他被授权参与一些企业的重大项目以及产品的开发，然而在项目的进展中，管理者由于担心而处处限制路易斯的权力。“一开始，我感觉那只是一个流程，我的工作也需要受到管理者的监督，然而很快我就发现真正的原因是出于管理者的不信任。”路易斯对此非常不满，自己能力的发挥在管理者的限制下受到了很大的制约。

所以，在这个重大项目完成之后，路易斯并没有感觉到成功的喜悦，而是开始深思自己的未来，他深知如果没有上司对自己的限制，这个项目至少会提前三个月完成——在这种环境中工作，简直是在浪费生命。做了详细全面的分析之后，路易斯决定离开公司自己创业。

他最终成功了。现在，他的企业已经初具规模，而且发展迅速，其中最关键的原因就在于路易斯的放权政策。当他发现一个人的才能并给予他充分的信任之后，就会果断授权，从不干涉下属的工作决定。

“这件事交给你，发挥你所有的才能去完成它，不要有所顾忌，你不会受到任何方面的阻碍。”这是员工经常从他口中听到的一句话，这样做非但没有使公司蒙受损失，反而创造了惊人的业绩。同时，路易斯也因此造就了一批骨干。“我不用担心在我外出旅游或者打高尔夫的时候，公司会发生什么意外，我的任何一个骨干成员都可以像我一样解决那些问题。”

由此我们可以看出，管理者在授权之后的表现对下属产生的影响非常深远。管理者处处干预限制，虽然有时候可以减少或者避免产生一些不必要的麻烦，但是这种做法会向下属传达出一种不信任的信息，而这种信息会直接导致下属丧失积极主动的工作态度。同时，这样的做法也会直接影响管理者在下属心目中的形象，产生形象危机，进而使企业团队丧失活力。

要把"信任"给予那些有能力的人

从前面的事例中我们不难看出，一个智慧的管理者在授权之后就不会对下属施加过多的限制，更不会在遇到问题之后手脚慌乱解除授权。一件工作或者一个项目的完成过程中要遇到各种各样的问题，这是工作过程中的一种常态，虽然它暗藏着危机，但这些危机会被控制在一定的范围之内。如果管理者对此没有正确的认识，就会在出现无法控制的问题时放弃，或许管理者认为这样会将损失控制在最小的范围之内，然而，他并没有意识到，解决问题的过程才是考验和锻炼员工的最好时机。

授权是管理者在管理过程中不可避免的手段，而绝对的放权又是对员工或下属的巨大信赖和鼓舞，所以，管理者要具备这样的素质。然而，并非所有的绝对放权都会产生理想的效果。在企业的管理中经常会出现这样的现象，管理者在授权之后，下属或者员工并没有很好地完成工作，从而导致企业蒙受了损失，这就引发了一个新的问题——怎样才能使授权达到良好的效果呢？

作为一个企业的管理者，在授权时首先要具备一双慧眼。在日常的工作过程中，管理者首先要能够从员工的工作状态中总结出员工所具有的能力和潜质。有的员工的技术水平非常高超，却明显地表现出管理上的缺陷，比如他的人际关系不好，处事方式总是存在问题，这样的员工就不具备承受压力的能力。

还有一部分员工，虽然他的技术水平一般，却在日常工作中表现出超强的管理才能，那么作为管理者，你首先就要在下属中发现具有这种能力的员工。当然，如果你仓促地提拔并授权给他，很可能会使公司蒙受损失。这个时候，作为管理者，你还要发现他身上还有什么缺陷，并在工作过程中逐步地指正，当他真正具备一个管理者的素养之后，再对他进行适当的提拔。

罗尼是一家企业中的普通员工，刚进公司不久就与同事们打成一片，很快融入了企业生活中。罗尼的沟通和管理能力都非常强，有时候他可以代替部门主管传达某些命令，员工们在出现问题的时候也很愿意与他交流。经理对他的能力非常赞赏，并期待罗尼能有更好的表现。

他不负众望，在进入公司的第三个月就带领自己的团队取得了出色的业绩。总经理对此非常赞赏，想要对他进行提拔。但是副总经理并不赞同，毕竟罗尼才来公司三个月，他的抗压能力还没有得到很好的表现。“他太顺利了。”副总理说。不过，总经理并没有接受副总经理的意见，而是立刻将罗尼提拔为部门主管。

对于罗尼来说，这当然是一个意外的惊喜，但是很快，罗尼就表现出了对工作的不适应。正如副总经理所说的，在日常工作中，他并没有表现出很好的抗压能力。他的工作几乎一帆风顺，没有遇到什么困难。但当他成为主管之后，挑战开始接踵而来。这时他发现自己没有办法适应这项工作，每天繁杂的事务让他疲惫不堪。

慢慢地，他开始变得懈怠，对工作也开始变得不认真起来。最终，罗尼在一项自己负责的项目中出现了严重的纰漏，使企业蒙受了巨大的损失。

我们发现人才并不困难，尤其在企业管理的过程中，人才就好比黑夜中闪闪发光的钻石，你一眼就可以看到它的存在。真正困难的是在黑暗的环境中能够看出钻石存在的缺陷，然后理性地对待。所谓的发现人才，只是让人才发挥效能的第一步，塑造人才才更应该被企业重视。

也就是说，管理者不但要具备发现人才的慧眼，同时还要有塑造人才的能力。在企业的管理中很多的管理者都会发现，随着社会的进步、知识的普及，越来越多的人才涌入企业中，为企业的发展注入了新鲜的血液。然而我们不得不承认的是，这些所谓的“人才”或多或少都会具有一些管理上的缺陷。

比如一个不懂得交流的人，一个没有团队意识的人，一个抗压能力很弱的人，虽然他们可能具有过硬的技术水平或出众的领导才能，但那些隐藏的负面因素如果得不到合适的解决，最终将会引发灾难性的后果。

企业是很难在员工或者新人中间找到一个真正意义上的“人才”的，只有通过对他们不断进行磨炼，使他们克服自己在管理上的缺陷或不足，才能成为真正的人才，为企业做出自己的贡献。

◎ 合理配置权力是有效授权的保障

有效的授权可以将公司的职权在组织中进行合理的配置，而有效的控权则可以提升管理的效率和效能。这是一条关于权力分配与控制的常识，也是很重要的管理智慧。

一名成功的企业管理者，不单单要学会授权，更重要的是要学会控权。在企业发展的过程中，虽然授权可以有效地促进员工能力的发展，使其具备驾驭某种权力的能力。但错误地将权力授予给那些无法驾驭权力的员工，不但会影响员工的发展，而且还会给企业发展造成重大的损失。

很久以前有一个国王，在一次表演中，他看中了一只猴子，并将它带入了皇宫。猴子凭借聪明伶俐，很快就赢得了国王的欢心。国王对它非常喜爱和信任，官员们也都因此而畏惧猴子。随着国王与猴子之间的感情日益深厚，他越来越信任猴子，甚至将自己的佩剑交给猴子看管，任何试图靠近或者伤害国王的人，都会受到猴子亮剑的警告，所以，没有人敢靠近国王。国王因此而感到轻松愉快，渐渐忘记了处理政事。

有一天，国王带着猴子去野外郊游，在一个草木茂盛、百花齐放的地方，国王命令所有的侍卫退下，只留下了那只猴子，当自己昏昏欲睡的时候，他就对猴子说："现在，你要保护我的安全，任何试图伤害我的人，你都要阻止他。"然后，他就安心地睡着了，而猴子则很忠诚地在一旁守护，不允许任何人靠近。

不一会儿来了一只蜜蜂，正好落在了国王的头上。猴子心想：我如果不采取措施，蜜蜂就很可能伤害国王。于是，它挥起剑砍了下去——国王就这样不明不白地死掉了。

这个故事讲的就是错误授权的危害。权力如果授给了不合适的人，危害甚至比不授权还要大。因为你没有办法保证权力的合理运用，不知道拥有权力的这个人能不能胜任他的工作，结果就会很可怕。

明确每一个人的职责

授权是企业管理的一种方式，通过授权，企业可以实现不同幅度的管理，通过实现局部的高效管理，来带动企业整体的发展。

授权的合理施行，要基于两方面的内容：

第一，明确不同机构或者团队的工作行为与范围。

企业是一个由不同团队组成的整体，要想使企业的发展进入高效状态，首先就要明确不同团队或者部门的高效状态。它是指将企业整体的发展目标有效划分为不同的内容，并分配给不同的部门或者团队，通过团队或部门的协同工作，实现企业整体的发展目标。

第二，明确员工的工作行为与权力范围。

职责明确的授权，才能使员工在自己正在从事或者可以从事的工作内容上，发挥自身最大的效能或潜力，为企业发展做出最大的贡献。

从企业与员工两种不同的角度考虑授权给企业发展所带来的积极影响，

管理者会发现，所谓授权就是在扩大员工或者团队自身工作效能的同时，提升企业发展的效率。从员工方面讲，员工通过参与企业工作，发挥自身的工作能力和潜力，以此推动企业的发展。这不仅体现出作为个体的员工“自我实现”的内容，同时，在不断地经历磨难与挫折的过程中，员工的工作能力和创造力都得到了有效提高。

从企业方面讲，通过授权可以将管理工作有效地分配给相应的能力者，通过不同管理者之间的协同配合，更加高效地完成企业的目标。同时，从另一方面讲，通过授权能够发现企业团队中的“能力者”与“潜在能力者”，为企业实现长久的发展奠定基础。当然，授权所引发的“行为驱动力”可以激发员工的工作热情，促进员工在实现自我发展的同时，为企业发展做出自己应有的贡献。

在授权中体现职责明确的内容，可以从以下两个方面入手：

第一，寻找适合职位发展的“能力者”或者“潜在能力者”。

权力所反映的职位能力并不能通过职位的高低体现出来，利益集团在企业中的延伸，往往掩盖了真正的能力者，从而将“无能者”放在了不适当的职位上。寻找能力者与潜在能力者，体现出企业对员工发展的关怀，同时能以“员工驱动力”的形式促进员工的发展。职位的当权者并非是职位权力最有效的释放者，这需要通过制度、监督、管理者干预等方式，找到最适合相应职位或相应权力的“能力者”。只有当有能力的人掌握了相应的权力后，我们的授权才能真正发挥提升管理效率的作用，达到促进企业发展的目的。

第二，合理看待职能与职位、权力与效能之间的辩证关系。

企业为了实现不同团队或者机构之间的协同配合，设立了不同的职位，以实现对不同团队机构的管理，综合各职位所产生的职能效应，扩大团队、机构的工作效率。权力则是在管理过程中职位效能的体现，通过运用权力，迅速解决管理过程中的问题，并制定相应的发展策略，引导或纠正员工行为，才能使企业管理更加高效。

这体现出了两方面的内容，首先，具有相应权力控制能力的员工，要在相应的职位上进行管理工作，才能真正发挥出最大的职位效能。其次，权力干预与管理，要通过不同阶层以及职位层级的划分体现出管理效能。

简单地说，所谓的职位权力并非职位中最强硬的管理方式，这还要依赖于制度的约束和高层管理者之间的权力干预。通过集思广益，实现职位与职能之间的协同配合，使不同的团队机构在工作过程中紧密结合为一个统一的整体，这也体现出“局部”与“整体”之间的相互关系。

做好权力管理

所谓权力管理，指的是通过职位所赋予管理者的权力，对工作行为、制度约束、政策制定与施行进行有效的引导与纠正，以提升管理的效率。而权力干预则是权力管理的一种最直接的表现方式，通过干预来对错误行为施加影响、进行纠偏，并以此树立起正确的行为规范。

权力管理所表达的，即是高层管理者对授权的干预，也就是所谓的控权。通过上文提到的“猴子与国王”的故事，我们可以清晰地看到，权力的不合理授予以及不加限制的权力施放，使得猴子在自己不能“胜任”的“职位”上做出了“与职位相悖”的错误行为。国王赋予猴子权力是为了保护自己的安全，而猴子的“权力施放”却夺走了国王的性命。这个故事体现出控权中所要注意的两方面内容：

第一，控权的前提，是相应的职权被“能力者”掌控。

没有做到这一点就是国王丧命的根本原因，猴子根本就不具备驾驭这种权力的能力，控权自然也就无法对猴子的错误行为进行引导。简而言之，对于能力有缺陷的猴子而言，对权力内容的理解尚不成熟，当然也就无法控权。

第二，控权是为了提升权力管理的效能。

将“控”单纯地理解为“控制”是不合理的，控制体现出对职能者行为的不信任，同时从企业的长远发展来看，控制权力必将降低权力的管理效能，企业管理的效率自然也就受到影响。那么管理者如何有效“控权”呢？可以从以下几个方面入手：

1. 明确权力的职能与范围

授权的开始就已经体现出“控权”的内容，授予的权力具有什么样的权力职能，这种权力将会在什么样的范围内发挥效力，权力本身就已经做出了明确的规定。只有在相应职能和相应的权力范围内，权力才能发挥其效力，超出职能与范围的权力管理，也就是“越权处理”，都应该受到严厉的制止。企业本身就是一个不同组织协同配合的整体，越权处理必然会引发企业的混乱，造成管理的无效。

2. 对能力者的授权要减少干预

所谓能力者已经具备了管理自身权力的能力，同时，能力者所具备的创造力与创新精神，可以有效地通过创新的管理方式实现对权力的有效运用。此时，如果管理者对他们的权力大加干预，必然会引发能力者的消极情绪，不论对能力者的发展还是对授权后的管理效率而言，都将起到消极的阻碍作用。当然，减少干预并非不管不问，对待能力者，管理者要时刻关注事态发展的方向和权力释放的效能。这里所体现的“控权”更应该理解为对能力者权力的引导和对事态发展的关注，管理者要在必要时刻提出自己的意见或建议，引导能力者更好地运用自身权力，提升管理效率。

3. 以过程为指引，以结果为导向，控制权力的不合理释放

所谓权力的干预，并非是对整个权力施放的过程进行干预，而是在关键环节或者关键问题上，提出管理者的建议或意见，必要时采取干预，阻止事态向错误的方向发展，这才是对于“控权”最好的理解。

在不同的权力层级中，不同职位的员工被赋予不同的权力，并通过综合不同员工的“权力管理”促进企业的发展。当然，作为企业最高管理者，管理者所具有的权力更应该体现出决策性与引导性的内容，通过“控权”，有效综合各种权力的运用效率，明确权力的职能与范围，同时对权力的不合理施放进行干预，并通过对事态发展的关注，明确控权的“内容”与“方式”。

Part 3　第三部分

人才储备的常识

在现实的企业管理中，虽然管理者可以根据不同的需要来招聘不同的员工，但是多数的管理者发现，招聘到的员工并不能完全满足自己的要求。更奇怪的是，有 85% 的人才都因为找不到好的企业而郁闷。这就导致了人才缺位的现象。令人吃惊的是，即便企业的员工配备已经齐全，仍然有 99% 的企业都存在着不同程度的用人不善的问题。

◎ 管理者要懂得随时补上人才的缺口

杯子的生产商总能根据市场需求的不同生产出不同的杯子，比如满足研究用途的量杯，满足保温需求的保温杯，满足饮酒需求的酒杯，满足高端客户对美的追求而设计的高脚杯，等等。然而，在现实的企业管理中，虽然管理者可以根据不同的需要来招聘不同的员工，但是多数的管理者发现，招聘到的员工并不能完全满足自己的要求。更奇怪的是，有 85% 的人才都因为找不到好的企业而郁闷。这就导致了人才缺位的现象。令人吃惊的是，即便企业的员工配备已经齐全，仍然有 99% 的企业都存在着不同程度的用人不善的问题。

这表明，人才缺位的现象总是存在的，我们要做的就是尽量去找到优秀的人才来填补企业的人才空缺。

别让有才华的人“大材小用”

企业首先就要具有完整的人员配备，通过各部门和员工之间的密切合作来实现企业利益的最大化。员工配备不完善或员工之间能力差距过大都会对企业的效益造成不良影响。从人才的角度来讲，高端人才找不到合适的企业或职位，也是另一种形式的人才浪费。

什么样的管理体制会让有才华的人虚度光阴呢？最典型的就是一些家族企业。它们的老板虽然具有识人的眼光，也招聘到了大量的优秀员工，却碍于亲情，无法把这些人才提拔到重要的岗位上，反而让自己的亲属占据了要职。

不但中国有这样的现象，美国也有类似的案例。

彼特先生在十年前怀揣着梦想从加州大学毕业，然后就开始了自己的创业之路。在经历了几年的拼搏之后，他终于创办了一家小型企业。“当时，我的企业已经小有规模，在当地也非常有名气，公司的利润也一直很好。”他说。

然而，就在彼特的企业发展进入繁盛期的时候，彼特却做了一个让自己一直后悔的决定。虽然此时他的企业已经储备了足够的人才，完全可以信任和重用他们，但他仍然没有提拔这些人，反而让自己的弟弟、两个姐姐以及自己的叔叔都陆续地进入了企业的高层。

他的理由是：“我出身于一个乡村家庭，我的亲人生活一直都很窘迫，我在成功之后不忍心拒绝他们的要求。所以，虽然我相信目前企业内部的人才足能帮助企业发展壮大，但我仍然做出了这样的决定。”

一开始，这个决定并没有对企业造成损失，反而使企业的发展更加迅速。因为他的弟弟和两个姐姐都是大学毕业的高才生，在管理上虽然能力不是很强但勉强还能胜任。而彼特的叔叔一直从事会计工作，所以担任财务经理也并没有明显的不适。“由于是自己的亲属，在很多问题上我们的凝聚力要比一般的企业高得多。”彼特在聊到这点的时候，还是充满了对亲人的感激的。

但是在企业发展壮大之后，问题也就随之而来了。弟弟和两个姐姐在管理上的能力表现出了很大的欠缺，而从事了多年会计工作的叔叔在财务上也屡次失误。公司内部一些非常出色的管理人员几次给他发邮件指出这些弊端，但是碍于亲人的关系，他们的建议最终没有得到重视，他们本身也没有得到很好的安置，仍然在一些不重要的岗位就职。

“当时，我的企业已经面临很大的问题，如果找不到合适的处理办法，我几年的努力很可能付之东流，这个问题让我感到非常困扰。”从彼特的表情中，我能体会到他当时的犹豫不决。

最终在一位朋友的建议下，彼特将自己的企业转型成了股份制企业，他的亲人都退居二线，但持有企业的股份。他们的职位也被那些真正有能力的人代替。彼特还制定了一系列的规章制度对员工进行管理。这种办法非常有效，现在他的企业已经成为全美知名的企业之一。而他能够解决这一问题的关键，就是真正重视了自己公司内部那些富有才华的人，让他们人尽其才学有所用。

对于家族式企业来说，由于企业中的管理者大部分是自己的亲属，更有利于增强管理层的凝聚力。然而在企业发展的后期，这种情况的弊端就会越发明显，优秀人才进不来，即使进来了也找不到合适的岗位，企业的领导团队因为亲属关系而变得僵化，这就很容易使企业丧失了发展动力而停滞不前。

另一方面，即便你的公司不是家族企业，如果在管理中过分功利也会使人才在企业中没有用武之地，甚至导致人才流失。比如，一个素质和管理能力都非常差的业务员却能晋升为业务经理，而一个有能力有素质的人却因为一次意外的失误被辞退或降职，这些情况都会导致人才在企业中迅速流失。

能否留住人才既取决于你识人用人的能力，又取决于你对企业管理环境的建设。你不仅要发现和储备那些可用之才，并给他们提供足够的发展空间，还要充分地给予他们权力。有些企业的管理者在管理的过程中会出现不放心用人和授权、过多地干预或限制员工权力的现象，这就会导致员工对企业失去信赖，不能很好地发挥自身的才能，进而让企业和人才两方都蒙受损失。

如何从根本上解决人才缺位的问题

1. 企业的管理者要建立一整套完善适用的规章制度

一个完善、适用的规章制度，会为企业的发展奠定一个平稳而坚实的基础，在这个基础上，企业才会发展壮大。

好的制度应该具备三种特性：

（1）要能满足企业对利润的追求。企业存在的目的就是创造利润，只有以利润为出发点才能实现给员工创造福利并带动企业发展的最终目标。

（2）要能充分展现和发挥员工的积极性。很多管理者或者企业的管理者认为规章制度的建立是为了约束员工的行为，这是错误的观念。规章制度的建立应该本着促进和增强员工积极性的目的，并以绝大多数员工的利益为前提。这样才能使员工发挥积极性和创造性，才能为企业发展创造条件。

（3）要具有可执行性。这是对规章制度最基本的要求，如果在企业生产中规章制度并不能很好地执行，那它就失去了存在的价值。

2. 组建一个协同的团队

当企业建立了一整套完善而且适用的规章制度之后，作为管理者你会发现它并不能真正实现人才利用的最大化，这是为什么呢？因为一个好的制度可以被复制，但是制度的执行对象无法复制。也就是说只有完善的规章制度还不足以使企业能够对人才进行充分利用，企业同时还需要一个好的团队，这是任何其他企业都无法复制的。

3. 要让自己慧眼识才并且能造就人才

辨别人才是授权的前提条件，管理者要具有敏锐的观察能力，能从日常的企业工作过程中发现企业所需要的人才。这需要管理者积极地参与企业的管理以及日常工作，在督导的过程中发现具备优秀素质的员工。

对于打造一支强大的团队来说，造就人才是至关重要的一点。人无完人，每一个具有某些优秀素质的人才都会不可避免地具有一些缺点，而这些缺点很可能影响到他日后的管理工作。如果管理者急于提拔，而不是着手于帮助人才克服其缺点，很可能会对企业造成损失，同时对于员工的自我实现也会起到消极的影响。

当企业拥有了一支强大的团队并建立了适合自己的规章制度时，企业还会面临另外一个问题：在员工触犯了规章制度之后，出于对员工的爱护或者碍于已建立起的人际关系，管理者或者管理阶层往往对此视而不见。这样的做法看似保护了员工的尊严，但是从长远的角度讲却有百害而无一益。甚至会影响企业形象，使企业管理出现漏洞。

对于员工来讲，管理者一味地纵容，很容易使他们养成一种惰性，从而对他们的职业生涯造成负面影响。所以，规章制度的执行要“强而有力”，在执行的过程中不能掺杂个人情感，也不能意气用事，要公平公正。当然，制度管理也要适当地跳出“冷而硬”的管理方式，所谓“冷制度，热管理”讲的就是这个道理。

只有企业与“人才”共同努力创建一个连接二者的桥梁，才会使企业获得自己所需的人才，使人才也能找到适合自己发展的企业平台，从而打造一种和谐而稳固的合作关系。

◎ 为什么聪明人越多，人才越低能？

国际知名的未来学者、演说家及管理顾问卡尔·阿尔布莱特认为：把一群聪明人收编进组织后，结果往往变成了集体性愚蠢。也就是说，当我们的团队只有一两个聪明人时，他们会做出非常大的贡献，但当团队中有一大批这样的人才时，团队的力量反而变弱了，每个人都好像无法发挥出自己的才智。

这就向我们揭示了一个人才利用方面的问题，那就是要破除“集体性愚蠢”，使团队发挥出其最大的效能，为企业发展提供动力。

团队协作的基础：统一工作标准

人才是企业发展的重中之重，企业需要有才能的管理者，同样也需要有才能的员工。然而，这在促进人才发展的同时也将企业管理者引入一个误区：人才越多越好，每个人才必定能发挥出最大的效能。

然而事实并非如此，1999 年，美国在火星上进行的气象人造卫星任务失败，主要原因就是人才之间的不和谐。其中一组科学家采用了公里和公斤的公制单位撰写程序，而另一组科学家采用了英里和英镑的英制单位运算，结果可想而知，虽然他们协作无间，仍旧导致了搭线错误，致使几百亿美元的人造卫星毁于一旦。

集体性愚蠢是指集体思维迸发的同时，却没有很好地得到协调和统一而产生的不和谐现象。在企业生活中，个体与群体之间有着必然的联系，个体要借助于群体的力量来实现自身的发展，而群体也同样需要在个体的帮助下发展壮大实现群体的目标。然而，每个个体都有其不同的性格特征和能力，所以，个体在群体中难免会发生冲突，从而使问题更加难以解决。

有一株小树苗，在经历了风雨的洗礼之后，逐渐茁壮成长。它梦想有一天成为参天大树受到人们的敬仰。然而，这几天它的健康却受到了威胁，因为有几只害虫钻进了它的体内，蚕食着它的健康。

一天，一只啄木鸟找到了树苗，对它说：“只要让我在你的身上挖几个洞，就能把害虫全部取出来，但这会有一点点疼。”树苗刚要同意啄木鸟的帮助，这时来了一位种树的农民，对它说：“我只要在你的身体上喷洒一点儿农药，害虫就会死了，你也不必再忍受这样的痛苦。”

树苗想了想，感觉第二种办法更好一些，就答应了农民。但一旁的啄木鸟非常生气，因为它的孩子们一整天都没吃东西了，孩子们需要这份晚餐，于是啄木鸟不由分说地在树苗身上凿起了洞。农夫背着药桶回来之后，给树苗喷洒了杀虫剂，还掺有一些灭草剂，因为农夫发现小树苗的旁边杂草太多了，争夺了树苗的养分。

但是，两种方法同时使用却导致树苗枯萎了。因为灭草剂沿着啄木鸟留下的洞进入了树苗的体内，杀死了树苗。

从这个事例中我们可以看出，啄木鸟与农夫的方式都可以消灭害虫，可是两种方法在结合之后竟然产生了毁灭性的影响，这是为什么呢？

首先，我们看到，虽然啄木鸟与农夫都在对树苗进行救治，但由于没有进行有效的沟通与合作，导致两个正面的措施产生了负面的影响。其次，农民与啄木鸟之间不存在信任关系，农夫确信自己的方式可以拯救树苗，而啄木鸟则认为自己的方式才是对的，这种互不信任导致了争论甚至对抗。

最后，如果我们从啄木鸟与农民的目的上看，还能看到利益的影响。啄木鸟必须以它的方式来消灭害虫，因为它还有几个孩子要抚养，而这种做法却对农民的利益造成了损失，树苗的伤疤很可能会影响小树苗的成长，这样树苗就卖不到好价钱。这种隐含的利益冲突，是导致整个事件发生的根本原因。

用规范的制度去引导人才

从企业发展的角度考虑，要想打造一支人才队伍，避免集体性愚蠢，管理者要从以下几个方面对人才队伍进行建设：

第一，强化企业的理念与价值观。

“道不同不相为谋”中的“道”所指的就是理念与价值观，当团队成员间的理念与价值观产生强烈的冲突时，团队就难免会受到严重的影响。对于一个企业而言，理念与价值观没有渗透到员工中去，是一种失败的表现。通过强化企业的理念与价值观，可以引导员工或者人才队伍建立并强化相同层面上的理念与价值观，这样才能使集体的合作保持共同的发展方向。

第二，荣辱与共。

一个真正的集体不会轻易地被外部力量打散，这是个体之间维护关系的内心需求。这就好比是家庭关系，虽然在日常生活中家庭成员间总是问题不断，但在面临巨大考验或者困难的时候，却能共同解决困难。对于管理者而言，“荣辱不惊”是一种胸襟，而对于群体而言，“荣辱与共”则是一种生存法则。

第三，活跃群体的氛围。

对于群体而言，争论与摩擦是无法避免的，这不但揭示了团队中所存在的问题，同时还为新思想、新观点的诞生奠定了基础。群体的氛围取决于群体成员的活跃程度，因为个体的行为很容易发展成为群体行为。比如，当一个员工在认真地工作时，就会带动其他员工认真工作，这不仅会形成一种道德上的约束力，还可以推动良好群体氛围的形成。当然，群体氛围的形成也是一个正与反的博弈过程，管理者要想保持良好的群体氛围，就要采取一定的措施，例如奖惩制度、绩效压力等。

人才对企业的发展产生了重要的影响，“阿尔布莱特法则”给予企业管理以启示：要想组建一个有效的人才团队，关注人才就显得尤为重要。

在企业管理中，企业要注意以下几个方面：

1. 企业的需求是人才存在的基础

没有针对性的需要，就没有相应人才的存在，企业在招聘人才的时候要牢记这一点，招聘人才并非选秀，外表好就可以给高分。如果人才的能力超出了企业发展的需求，那人才在企业中的发展就会受到限制，而企业也将为此蒙受损失。这就如同消费，当消费者没有了需求，产品就失去了存在价值，促进消费的关键在于刺激需求，企业只有在成长过程中不断地超越自我、奋勇前进，才能吸引更多和更优秀的人才。

2. 不同的岗位有着不同的要求

在企业管理中，最佳的人才配备模式是各司其职各取所需，最适合的工作内容更容易发挥人才的最大效能，更有利于保持并激发员工的工作热情。同时，某些岗位关注的不仅仅是能力，还有员工的品质，比如财会、出纳等工作，具有认真、耐心、一丝不苟等优良品质就要比办公软件应用能力重要得多。

3. 外来型人才与企业自身创造的人才相结合

外来型人才往往能给团队发展增添新的活力，从而使整个团队的氛围都变得活跃起来。所谓“外来的和尚好念经”指的就是外来型人才在搞活团队氛围上所具有的优势。当然，企业发展还要依赖于自身创造的人才，在提拔人才的时候要考虑内部提拔、竞争上岗，这样不但会给广大的内部员工以鼓励，激发他们的工作热情，同时也减少了内外之间隔阂，有利于企业的稳定。

从整体上把握企业发展的方向是一个管理者应有的眼界与能力。在集体中，能很好地促进人才的成长，使人才与企业发展的方向相一致至关重要，这不仅为企业发展节约了大量的时间成本，同时，也对人才的发展起到了积极的促进作用。

◎ 满足人才的需求

在美国西雅图的一所大学中，教授的薪资比同等级学校的要低 20%，然而教授的流动率却很低。在经过调查之后人们发现，教授们之所以留在薪资低廉的学校任教，是因为这所大学环境优美。

在教授们看来，20% 的薪资根本无法抗衡这些美丽的湖光山色。也就是说，他们真正的需求其实并不是这些钱，而是优美的环境。这种现象叫“雷尼尔效应”，它在管理领域也有着广泛的应用，它告诉我们，如果我们满足了人才的根本需求，他们就能死心塌地为企业卖命。

管理者必须避免的误区

在企业的管理中，“雷尼尔效应”指的是以亲和的企业文化氛围来留住人才、培养人才的现象。企业对员工的吸引力来源于两个方面：首先是物质方面，员工参与工作最基本的需求就是要通过工作满足生活所需，这是最基础的保障，也是员工参与工作的基础考量；其次是精神方面，员工在参与工作中最迫切的精神需求是自我实现，因为在愉快和积极的氛围中工作，工作内容也会变得更加充实。

从西雅图大学的事例中我们可以看出，虽然教授们的薪资比同等学校的教授要低 20%，但这仍处于教授们可接受的物质保障范围之内。如果西雅图大学教授的薪资比其他同等学校的低 50% 的话，那么，美丽的湖光山色是起不到任何作用的。同时，我们可以发现，美丽的湖光山色满足了教授们的某种精神需求，比起在一个景色一般甚至显得单调枯燥的学校里，教授们更愿意用 20% 的薪资换取一个舒适的工作环境。

也就是说，在教授们看来 20% 的薪资与他们所享受到的舒适的环境是等值的，甚至是超值的。那么，企业在应用“雷尼尔效应”培养人才、留住人才的过程中，应该避免哪些误区呢？

1. 重物质而轻文化

通过物质方面的满足或者奖励，满足员工在物质方面的需求，这往往被认为是最直接的也是最有效的，进而使企业忽视了员工精神方面的需求。但这种最直接、最有效的方式往往会产生很多的负面影响：

首先，物欲的沟壑是无法填满的，以满足员工物质欲望来激发员工的工作兴趣本身就是不合理的。一方面，这很容易使员工的价值取向转移到物质奖励上，而对工作本身的趣味和实现自我发展的成就感就降低了。同时，员工的物欲一旦被激发，就很容易引发惯性的物质索求，物质奖励本身的吸引力也就被降低。

其次，企业文化的内涵在物质鼓励不断提升的过程中，会逐渐对员工行为失去约束。这也就使得员工行为处于一种追求物质享受的状态。当制度、文化等约束失去潜在的影响力时，“钻空子”“擦边球”等一系列行为就会产生。当然，当员工们开始追逐物质享受的时候，利益集团就自然形成并得到了巩固，这将产生巨大的组织内耗，严重危及企业的发展。

2. 重文化轻物质

与之相反的另一种管理模式在企业中也很常见。仅通过企业氛围或者环境吸引员工的注意力，而忽视了物质满足方面的需求。由于失去了对员工最基本的物质需求的保障，这样的管理方式也往往不能产生积极的管理效果。

满足员工的需求，才能留住他们

通过“雷尼尔效应”我们可以看出，在企业管理中，只有真正满足员工的需求，才能真正达到激发员工工作热情、提高员工工作效率的目的。

自我实现是员工工作价值的最高体现，对于员工而言，满足物质需求只是最基本的保障，而真正具有吸引力的，则是自我实现内容的体现。自我实现可以体现出员工自身的价值，并激发员工内在的精神动力，这种自发的动力可以长久而有效地保持员工的工作热情。这是企业认同感的表达，同时也是企业对于员工价值的肯定。在相互信任的前提下，企业与员工之间的合作关系才能得到了有效的维护与发展。

从员工的角度讲，激发其积极工作的状态的因素有很多，综合起来可以归纳为以下两点：

第一，认同与肯定的表达。

获取相应的物质满足是员工参与工作的最基本的保障，这对于激发员工积极工作状态而言，并不具备较大的吸引力。员工在工作的过程中，更重要的在于寻求企业的认同与肯定，这是一种内在的精神需求，因而也更加急迫。

第二，自我发展。

在工作的过程中，实现自身某种能力或者特质的提升，使得自身可利用的价值不断地增加，这同样是员工工作的内在需求。在工作过程中，获得成长是员工自身对于工作内容的直接诉求。综合起来，这就是一种自我实现的过程，发现并提高自身的能力，得到企业的认可与肯定，员工的这种诉求需要企业在管理过程中严肃对待。那么，企业应该如何满足员工的需求，激发员工的内在动力呢?

1. 体现公平性与公正性

公平公正是实现员工内在需求的最根本保证，只有在一个公平公正的环境中，员工所获取的精神需求才能具备真实感，才能真正地体现自身的价值。

2. 认可与肯定员工的价值

任何一个员工都有其存在的价值，任何工作的内容都将对企业发展产生重要的影响，作为管理者，忽视了对于这一点的考量，必将导致最终的失败。因此在设定职位、招聘员工以及企业生产的过程中，任何制度或者行为都要表达出企业对于各项工作的重视和认可，从根本上肯定员工工作所创造的价值。企业在很多方面都会侧面体现出对员工及其工作的态度，例如，如果从事科研工作的人员的薪资明显比从事生产的员工的薪资低，那么这就会传达出企业对于科研工作不认可的态度；同样，员工会议中，管理者花了大量的时间强调生产部门工作的重要性，那么就等于在传达企业对于其他部门工作不认可的态度。

3. 使员工获得成就感

成就感是自我实现过程中最具影响力的内容，是推动员工进步、激发员工工作热情的最重要因素。当企业赋予员工可以获得巨大成就感的工作时，员工就会强烈感受到企业对其价值的肯定。成就感的体现可以通过很多方面，而精神上的鼓励和肯定往往更能促进员工获取成就感。

为人才创造良好的工作氛围

从这一管理常识中，我们可以明显地看出环境对于员工的影响。当然，在企业管理中，环境不仅是指外部环境，它还包含了企业氛围和文化，包括企业氛围在内的整体环境更能吸引员工的注意。

有这样一种现象，当我们进入一个优美的环境中时，会感觉其中的花草显得比其他地方的更加鲜艳，建筑仿佛也更加独特，实际上这些事物与其他地方或许并没有什么区别。为什么会产生这样的效果呢？这就是环境的影响。当一种环境满足了人们的某种需求，赢得了人们的肯定时，那么其所具有的其他特质也将得到人们的认可。

所以，当企业营造了一个美好的氛围和环境时，员工就很容易对企业的其他方面产生认同感，在这种认同感的影响下，员工的工作热情和工作效率就会得到提高的。

企业可以通过以下几个方面运用环境与氛围影响员工的行为：

1. 基础环境与企业氛围相一致

基础环境指的是企业外部的环境，包括建筑、设施、内部装饰等，从表象上反映出企业所具有的某些特性。例如，现代化的建筑风格可以传达出企业创新、时代感强等方面的内容。基础环境所传达的内容要与企业氛围相一致，这样才能给予员工真实感并能得到员工的一致认可。如果一个寻求突破与创新、讲求现代化并与时俱进的企业，它的外部环境是陈旧的、传统的，那么这种矛盾就很容易使员工对企业产生错误的认知。

2. 在评估员工的价值时，一定要实事求是，提供与其能力相应的环境和平台

在日常管理工作中，管理者通常根据员工的某种特质或者对其的某种印象而做出错误的判断，从而提供了与其实际能力不符的工作环境或发展的平台。比如，有的老板喜欢一个员工时，就给他提供了同其工作能力不符的过高的待遇和福利；不喜欢一个员工时，哪怕他能力再强，也处处苛待他，给他营造了一种十分苛刻的工作氛围。这就是一种片面的、错误的认知方式。所以，管理者要跳出主观印象的控制，实事求是地评价员工的价值，有效地减少企业管理过程中的失误，增加企业管理的效率。

3. 要打造积极向上的企业氛围

企业氛围对于员工行为的影响是巨大的，在一个团队中，个体的行为很容易受到群体氛围的积极影响。因此，企业要从整体入手，创建一个积极向上的企业氛围，影响员工的行为。当然，同时还要结合对个别错误行为的引导与纠正，才能长期维护企业氛围的积极性，持续地、积极地影响员工的行为。

对于企业发展而言，企业自身以及企业氛围和环境传达出来的某种信息往往会影响员工对于企业的认知，进而影响其对企业的态度。所以，企业管理首先要使企业氛围与企业环境相一致，这样才能传达出最真实有效的信息，引导员工对企业及自身的工作价值做出正确的合理的判断。

◎ 人才并非越多越好

在很多公司中，我们会发现，实际的管理人员总比最佳人数多，这就造成工作时间和工作成本的增加。这一管理常识就给了我们一条关于工作效率的启示：参与工作的人才数量并不与工作效率成正比。

合理控制员工的数量

在企业的管理中，经常会出现人员浪费的现象，所以，企业管理需要寻找一个最佳人数，而不是人越多越好。管理者应以企业利益为根本，实现人员的最佳配备，才能在减少企业开支的同时获得最大的利润。

科纳是美国一家电子企业销售部门的负责人，负责一款新型产品的市场开发，为此他招聘了几个业务人员来推广产品。由于新产品独有的特性以及消费者的需求，一开始，科纳的团队就取得了非常惊人的销售业绩。总经理对此非常满意，于是又加大了对市场部的投入，科纳用公司的拨款招进了十几个业务人员，以为这样就可以使产品以最快的速度占领市场，不给其他的公司喘息的机会，从而获得巨大的利润。

虽然科纳团队的业绩稳步提升，但是眼光独到的科纳还是意识到出了问题。有一次，科纳在开车外出的时候，看到自己公司的几个业务员，在悠闲地喝着咖啡，一开始科纳并没有在意，以为是员工在讨论业务中出现的问题。可是后来，他发现自己的销售团队开始变得懒散，越来越多的员工出现了迟到早退的现象，工作的积极性也有所降低。最让科纳担忧的是原本业务能力非常强的几个业务员的业绩也都有所下降。

对此，科纳百思不得其解，于是找到了总经理反映情况，希望总经理能提出一些建议。

总经理对科纳说："科纳先生，你是否对自己团队的业绩感到满意？"

科纳没有多想，因为在招聘进了新员工之后团队的业绩稳步提升，这一点科纳没有疑问，于是回答："当然，总经理先生，我们团队的业绩一直保持增长的态势。"

总经理拿出一张业绩统计表对科纳说："从这张表上看，你的团队的业绩确实在上涨，我本应该祝贺你，但是，"话锋一转，他拿出了另一张表，"这是你们团队的工资发放表，从这张表上你应该能看出问题的所在。如果将你们团队创造的利润减掉员工的工资，你们所创造的利润并不可观。"

在经过仔细研究之后，科纳发现，不仅团队创造的利润不那么可观，而且员工的工作效率也在降低，综合各方面的因素，他发现扩招的业务员并没有帮助自己实现计划。

在这个事例中我们发现，科纳扩招的业务员并没有实现团队利润的同比增长，这是什么原因造成的呢？就是我们通常所说的"人多必闲，闲必生事"。

一个团队所创造的利润与所需要员工的数量，并不能成正比增长。团队的人数增加，必将面临一个饱和的临界状态，也就是前面我们提到的最佳数量。当员工数量达到这个最佳值时，员工的工作效率最高，为团队创造的利润也最多，而超过这个数值之后，员工的工作效率就会逐渐降低，并对企业产生消极的影响。对于管理者而言，最佳数量的员工既有利于管理者的管理，又可以减少团队的开支，从而使团队的利益最大化。

在企业的发展中，管理层的能力当然起着关键的作用，一个好的管理团队可以带领企业创造巨大的利润，使企业快速发展，而一个消极懒散的管理团队，必然会树立起消极的企业形象，使员工失去工作的积极性，甚至阻碍企业的发展。

那么，是不是一个管理团队中所有的个体管理者都具备了优秀的管理能力，就可以顺利地实现管理的目的呢？回答当然是否定的，管理团队也存在着一个最佳数量。

如果管理者的人数太多，必然会导致部分的管理者处于“懒散”的状态，而这种状态很容易在管理层中传播，从而形成一种不良的风气，影响企业的发展。反之，如果管理者的人数处于最佳的饱和状态，每个管理者都有充足的工作，这样就很容易在管理团队中形成一种积极、奋发的精神面貌，为企业的发展提供积极的动力。

同时，当管理团队的人数处于最佳值时，很大程度上也可以减少企业的开支。要知道，一个腐败而且臃肿的管理团队的开支一定是令人惊讶的——你在职场也肯定经常听说某些公司因为管理者的腐败或人浮于事而使企业面临破产的故事。

资源分配的四条原则

1. 精兵简政

在历史上，我们经常会看到关于开国皇帝实施精兵简政的措施，这不仅减少了国库的开支，同时也避免了繁重的徭役赋税，减轻了人民的负担，使人民生活富足，国泰民安。在企业管理中，精兵简政也具有同样的意义。

“精兵”的意思，就是用最少的员工完成最多的工作。当然这里的最少指的是最佳数量，不要奢求几百人的工作让几十名员工去做。“简政”的意思就更明了，即企业运作的过程中要减少无用的工作，将工作的流程简化至最少，“简政”是“精兵”的前提，没有“简政”的“精兵”往往是无效的。

2. 要有规范化的工作流程

每个企业都会有相应的工作流程，然而，如果工作流程不够明确规范，员工就不知道要做什么，也不知道该怎么做，而管理阶层也不能下达明确的指示或者命令，这就很容易造成工作的混乱。

一个简洁明了的工作流程，可以使管理阶层清晰地掌握工作的每个细节，从而更好地发现问题和隐患，并及时做出有效的预防和修正；简洁明了的工作流程可以使员工清晰地明白自己该做什么以及怎么做，这是企业引领下员工行为的有效方式，是企业管理的重点所在。

3. 要有一套完善的规章制度

制度引导了企业内部管理阶层以及员工的行为，并对错误的行为做出批评指正。每个企业根据自身需求的不同都会制定相应的规章制度，这套规章制度应该涉及企业管理的方方面面，对各方面的行为都进行监督和管理。

在规章制度中，我们要明确地体现出奖惩的规则，要做到奖罚分明，最重要的一点，规章制度的实行要强而有力，这样才能有效地给员工以及管理阶层树立起良好的行为规范，才能保证企业在良性的氛围中不断发展前进。

4. 设立合理的量化考核标准

对于企业来讲，一个合理的量化考核标准可以激发员工的工作热情，可以激发管理层的优秀潜质，这样员工与管理层才能形成统一协调的团队氛围。较低的量化考核标准，会使员工以及管理阶层失去工作的激情和进取心，不利于企业的发展；而较高的量化考核标准，又会对员工以及管理阶层的信心造成打击，容易出现人心涣散的局面

同时，合理的量化考核标准对于发现优秀员工、调动不良员工的工作积极性也发挥着重要的作用。管理者可以根据量化的结果来判断优秀员工和对企业发展造成负面影响的员工，这样才能正确地做出奖惩，保证企业的良性发展。

企业发展的过程是一个资本与利益的量化过程，资本翻倍必然意味着企业利益的折损，也就是说企业在扩大自身利益、提升发展空间的同时，要时刻注意到企业资本的有效利用。企业利润的增长要伴以有效的资本利用，这才是一种资源合理配置的企业诉求。

Part 4 第四部分

识人用人的常识

每个员工都应该在他最适合的位置上，这样才能发挥他最大的功效，为企业创造最大的利润。但是，在现实的企业管理中，人才的浪费与不合理利用仍旧是影响企业发展的一大问题。

◎ 如何避免人才错位?

英国的管理学家德尼摩提出了一条管理学定律，他指出，在我们的生活中存在的事物都有一个发挥其最大功效的位置，比如，一个花瓶放在客厅里可以给人以美的享受，一个抽油烟机放在厨房里可以去除做饭时产生的油烟，一个有管理才能的人放在管理者的位置上可以造就一个好的管理团队。

这一条管理常识的核心就是：凡事都有它可以安置的所在，即每个人每样东西都有一个最适合其存在的位置。

最大的资源浪费：让人做他不擅长的事

这一原则同时对企业的管理提出了要求：每个员工都应该在他最适合的位置上，这样才能发挥他最大的功效，为企业创造最大的利润。但是，在现实的企业管理中，人才的浪费与不合理利用仍旧是影响企业发展的一大问题。一个不具备管理才能的人被安排在领导阶层工作，一个真正具备管理才能的人，却只能管理一个小的团队或屈居人下，这与其自身的人际关系和企业组织臃肿所产生的腐化现象有关。

康尼是一家大型企业的人事经理，有着丰富的人事管理经验，在过去的十年中，康尼带领他的团队为企业创造了令人赞叹的业绩，因此，管理者彼特对他非常赞赏。然而在一次重要的人事任命中，康尼却违背了管理阶层的意愿，将彼特的弟弟安排到了一个普通职员的位置上。

他对此的解释是："以他的能力，从基层员工做起是他最好的选择，如果任命他为人事主管，不知道他能闹出多大的乱子。"不过，这并没有得到领导阶层的认可，甚至在高层会议中，很多的管理者都提出："康尼超越了自己的职权，他的狂妄自大总是一发不可收拾。"

当然，彼特当时并没有意识到管理阶层对于康尼心存嫉妒，因为康尼的能力已经威胁到了管理阶层的利益。最终在投票中，康尼毫无意外地被停职了，因为很多的管理者都希望自己的亲属或者朋友在人事任命的时候不会出现这样的差错。

出于对康尼能力的考虑，彼特最终认命他为销售部的经理。但是，初到销售部的康尼很快就表现出对管理销售团队的不适应。他有出众的才华，在企业发展的十年里，他的能力已经得到了充分的展现与提升，但对于管理销售团队来说，他仍然缺乏实际的经验。在销售部门工作了三个月之后，康尼提出了辞职。因为对他而言，自己就像一盆鲜花被弃之荒野，失去了原有的价值。

康尼的选择是对的，在辞职一段时间后，另一家大型企业的管理者史密斯就主动登门拜访，希望康尼可以去他的公司工作。当然，史密斯早就了解到了康尼在人事管理方面的才华，因此给了他一个人事经理的职位，而不是销售经理或者别的什么职位。

对此，康尼非常感激，他在这方面的才华也很快展现出来。三年之后，因为管理混乱，彼特的企业已经面临破产，史密斯的企业却发展迅速，很快吞并了彼特的企业。彼特苦笑着说道："我做了一个来不及后悔的错误决定。"而史密斯却说："康尼在人事管理方面的才华让人赞叹，如果当时他没有来我的企业工作，或许我的成功会推迟十年。"

从这个事例中我们发现，目光短浅的彼特因为个人情感因素，将康尼放在了他并不擅长的工作领域，这导致了企业管理的混乱，也最终导致了公司的失败。所以，作为一个管理者，最重要的能力就是让每一个员工都能坐在最合适的那把椅子上。

人尽其才：每个人都需要一把合适的椅子

在企业管理的过程中不乏“小员工创造大事业”的情况，所以，对于企业来讲，任何一个员工都可能成为企业发展的关键人物。然而，大多数这样的“小员工”在工作的过程中逐渐地埋没了自己的才华，这并不仅仅是员工自身的原因，更大的原因在于，企业管理者在工作的过程中忽视了对“小员工”的关注。

那么，如何才能在企业的管理中给员工提供一个最适合自身发展，也最有利于企业进步的位置？

对于员工来讲，一个合适的工作岗位或职位，应该满足他们三个方面的需求：

1. 工作要符合员工自身的价值观

价值观能够指引员工的思想和行为，这是决定员工能否积极投入工作的关键所在。

2. 工作要符合员工对自身个性和气质的需求

随着社会的发展，人们对个性和气质的需求也普遍提高，这也成为员工对工作状态的直接诉求。

3. 工作能够给予员工成功的愿景以及希望

每个员工都希望能够在工作中得到长远的发展，而不是一生致力于某项工作却停滞不前，能够在工作中得到长远的发展是员工最强烈的需求，也是员工参与企业工作的最终目的。

基于这三方面的诉求，员工在参与工作的时候会选择最具发展潜力、最适合自身发展、最能实现自身目标、体现自身价值的工作。

所以，作为企业的管理者，就应该按照员工在这些方面的需求来合理地分配工作。权力欲望很强的员工更适合参与企业的管理，展现自身才能，当然前提是他具备管理的能力或者潜力；自主能力差，总是依附于某个强大的管理者的员工，更适合参与企业最基层的生产或者服务工作。

在这方面，日本的东芝做得最为出色，东芝公司曾经做过一次巨大的调整，让员工自主选择最适合自己的工作和职位。从现在东芝在全世界的影响力来看，这样的做法无疑是一个成功的案例。

而在美国也发生了这样一个具有启发性的事例。美国一家企业在当地的影响力非常大，人们都知道在这里工作可以得到很好的福利和发展空间，所以每当这家企业进行招聘的时候，企业的门口总是会排起长队。负责面试新员工的人事主任总会在面试的最后问应聘者这样一句话："现在，你想要什么职位？"然而，有些应聘者以为："这肯定是面试官在考验自己，如果我说的职位过高他肯定会说'你有这样的能力吗？'"所以，很多应聘者没有提出自己真正的要求。

面试官在繁杂的面试过程中，对应聘者的能力或者潜质已经有了初步的认定，当应聘者没有提出真正适合自己的职位时，他就会被淘汰。"一个真正优秀的员工，并不在于他的技术水平有多高超，能力有多出众，这些都可以在工作的过程中得到锻炼。最重要的是，他要知道自己适合做什么，然后才能知道该怎么去做，这些被淘汰的人中不乏能力出众的人，但是他们首先自己淘汰了自己。"人事主任说。

管理者要能够知人善任

在企业管理中，任何人都有自身的闪光点，而真正的人才又以不同的身份、不同的形式隐没于企业中。管理者要从人群中区别“人才”与“愚才”，或者将“愚才”变为“人才”，这并不是一件简单的事情，这要求管理者具备“知人善任”的能力。所谓“知人”就是指能从企业日常的工作中发现人才，慧眼识英才；所谓“善任”就是指能发现人才最出众的能力，并给予其最适合的位置，让其充分发挥其才能。在“知人善任”的过程中，管理者要具备一些优秀的素质才能真正地为企业提供优秀的人才。

1. 坦诚相待

在管理的过程中，不能只在物质上对员工进行奖励，而且单纯物质上的奖励并不能实现产出效益的增加，真正能够激发员工工作热情的是精神上的鼓励和安抚。坦诚相待可以增强员工对企业的归属感、使命感，使员工具备“主人翁意识”，从而激发员工的工作热情，为企业发展创造更多的利润。

2. 选择人才不拘一格

任何员工都有闪光点，而这些闪光点汇聚在一起就会成为企业发展的巨大推力。在企业管理中，管理者很容易忽视基层员工所具备的才华，从而形成了所谓的“看不见的损失”。很多企业的管理者也都是从最基层的员工中发展而来的，所以，要想在企业中找到适合的人才，首先就要不拘一格。

3. 选择人才要不计前嫌

这也是一个管理者气度和企业风貌的体现。每个员工在工作的过程中都不可避免地要犯一些错误，管理者很可能因为偏重对现实利益的考量而对员工的能力产生怀疑。管理者要意识到，错误是促进员工发展的最好的磨刀石，只有经过不断的磨砺，你的员工才能真正得到发展。

4. 要有用人不疑的魄力

在企业管理中，管理者最容易出现的问题，就是在下达指示并授权给某个员工之后，仍旧担心事情的进展状况，因而处处对其进行限制。这样不仅拖延了工作时间，增加了工作成本，同时还会使员工产生“信任危机”，使员工发展受到阻碍，间接影响到企业的长远发展。

5. 对待员工要赏罚分明

对优秀的员工适当进行奖励，可以给员工以成就感，提高员工的工作积极性；对于出现问题和失误的员工要适当地进行批评指正，这样才能使员工意识到自身的不足并做出改正。当然，批评要以引导为主，将批评融于赞美之中，既肯定了员工的价值，又对员工的行为做出了指引与纠正，这样的批评更容易被员工接受，同时也有利于管理者树立自身形象。

总之，管理者在选择人才的时候要做到这样几点：不能掺杂个人情感、不妒贤忌才、不轻视人才、不因失误和缺点而埋没人才。这样，管理者才能在企业的管理中发现并合理利用人才，使企业利润最大化。

当然，过分恭顺的人也未必就是人才，这样的员工很容易受到管理者的喜爱，但是他很可能因为过分恭顺而失去了创造性。就像一句名言说的那样：不折不扣地执行指示是最好的怠工。

◎ 找到你的最佳人选

管理者的工作就是要找到最合适的人。这一条用人常识，就是由美国通用电气公司历史上最年轻的 CEO 杰克·韦尔奇提出的，被称为韦尔奇原则。

韦尔奇在通用任职的 20 年间，充分地展现出了在用人方面的才华，将 1981 年仅为 250 亿美元的销售额，一举在 1999 年推至 1110 亿美元，创造了通用的辉煌历史，改变了通用的命运。在他任职的 20 年间，韦尔奇将自己 50% 以上的时间用在人事方面，他能够记住 1000 名高级管理人员的名字，熟知他们各自的职位和工作，这为韦尔奇的管理工作打下了良好的基础，使其顺利地成就了通用。

他所创造的这一管理原则向企业管理者阐述了管理者所应具备的魅力和能力。一个优秀的管理者的成功之处，不仅在于他自身的能力可以为企业发展做出多大的贡献，更在于他如何发挥团队的力量，使得每个员工都能找到适合自己的位置。只有在适合自己的职位中，员工的能力才能得到有效的发挥，才能使得企业发展受到积极的影响。因此可以说，管理者即使管理能力再强，如果不能有效地挖掘并发挥员工的潜力，为员工找到适合其发展的位置，那么他绝对不能算是一位成功的管理者。

韦尔奇的成功向我们展示了一则真理，那就是一个人的力量永远无法与团队的力量相比，企业发展绝不可能依靠一个人的力量来实现。只有整合团队整体的力量，使团队成员各取所需、各有所为，这样才能激发出团队的巨大力量，促进企业的发展。

同时，韦尔奇原则也向我们展示了团队的力量，企业在发展的过程中，总会遇到各种问题与挫折。一个人的力量就好比一根筷子，可以轻易地被折断，而一把筷子却很难被折断。所以，管理者要想依靠一个人的力量，来解决企业发展中面临的所有问题，无异于以卵击石。而凝聚团队的力量，就好比将一根根筷子绑在一起，就能够发挥出巨大的力量，顺利战胜困难。韦尔奇原则向我们展示了团队力量的重要性，它提醒企业管理者要具有团队意识，要善于用人，善于鼓励员工并善于总结和自勉。

一个成功的管理者首先是一个谦虚的人。管理者不一定是能力最强的人，但他一定善于发现员工的闪光点，在企业发展的过程中不断地收集这些闪光点，凝聚在一起就可以产生巨大的能量。

一个成功的管理者同样也是一个时时自勉的人。在企业管理的过程中，失误与失败时常发生，这不但影响着企业的发展，还会对员工的积极性产生消极的影响。因此，作为管理者要时时自勉、勇于承担责任并致力于依靠团队力量解决问题，总结经验教训，在失败中求发展，这是管理者必不可少的素养。

让团队成员处于最合适的位置

在传统的企业管理中，管理者错误地将自身定位于纠错与约束的角色，通过纠正员工的错误，来约束员工的行为，使员工行为被限制在企业发展的轨道中。这样的管理方式，在一定程度上满足了企业发展的需求，但这也是一种短期的策略，它往往会使企业的管理变得越来越复杂，使员工行为变得越来越难约束，进而使得企业发展速度逐渐减缓。

要想实现企业的发展，管理者必须寻找一种既能实现员工自我发展，同时又能推动企业发展的管理方式，这样才能将员工的发展与企业的发展结合起来，促进双方的共同发展。如果单方面执着于追求企业本身的发展，而忽视了员工自身的发展需求，反而会不利于企业的发展。

我们要通过影响员工的行为，使员工意识到自身发展与企业发展之间的联系，自发地约束自身行为，这样才能在真正意义上实现企业的有效管理，在这个过程中，管理者需要注意以下几个方面的问题：

首先，每个员工都有闪光点，都有其存在的价值。

所以，管理者必须要具备一种素养：将目光集中在员工的闪光点上，而非执着于员工的缺点。管理者要意识到，当你关注员工的缺点时，就会将其缺点放大，员工自身的优势就可能无法有效地发挥，自我发展也就很难实现。如果管理者关注员工的优势，就会引发员工对自身优势的肯定，进而扬长避短，当所有员工都能发挥自己的闪光点时，整个团队就会迸发出巨大的力量。

其次，最合适员工发展的位置，就是实现员工发展的最佳位置。

这就要求管理者必须要能够从员工的角度出发考虑问题，找到最适合员工发展的工作或者职位，这样才能有效地激发出员工的工作热情，而且这样的热情也往往更持久、更有效。最佳的职位不一定是最好的职位，而是最适合员工的职位。在人事安排中，管理者要充分注意这一点，从不同的角度充分考虑员工与工作之间的关系，使得员工能够在最合适的工作中得到发展。这需要注意以下几个方面：

1. 工作要符合员工的性格、气质以及价值观念

对于员工而言，一个好的工作可以满足自身精神方面的需求，使员工在发展的过程中，有效地体现出自我实现的内容，这样才能激发员工的工作热情。

2. 工作要具有发展性

简而言之，就是要使员工在工作中可以有所期待，而且，这种期待在一定的时期内可以有效地实现。如果工作内容让员工感觉到自身发展遥遥无期，就会使员工丧失工作的积极性，这就是管理者的失误。

3. 工作要能体现并发展员工的优势

这就要求工作的内容与员工的优势之间形成一种促进的关系，工作内容能够促进员工能力的提升，而员工能力的提升又能实现工作内容的拓展。当一个管理能力强的员工，在从事不具备发展性的工作时，就不可能实现创造性的发展，也就更不可能在工作中做出让人赞赏的成果。

4. 工作内容要具有挑战性

接受挑战是一个人体现自我的迫切需求，所以，适当的挑战性可以很好地满足员工的这种心理需求。但挑战要难度适中，因为难度过大的挑战也会使员工在工作中屡屡受挫，会对员工的自信心产生消极的影响。

建立协作意识，形成统一整体

通过韦尔奇原则我们知道，一个成功的管理者在于能够选择适当的人从

事适当的工作，发挥个体的最大效能，进而对企业发展产生积极的影响。同时我们也明白了合作意识在企业发展中的重要性，当个体的效能得到有效的发挥后，个体的工作成果也就实现了最大化。

我们知道，企业中需要英雄，但不能依赖英雄，个人英雄主义对企业的发展将会产生严重的影响，它使得团队或者部门之间的合作关系无法正常地进行，这对于企业而言将是灾难性的影响。

合作是企业发展永恒的主题，它不仅体现在市场竞争中，在企业内部同样发挥着巨大的作用，当企业处于良好合作的氛围中时，各部门职能得到有效的配合，这样才能最大限度地发挥组织效能，促进企业的发展。这也就要求管理者在管理工作中要注意以下几个方面的内容：

首先，没有独立完成的工作。

一位管理学家说过这样一句话："如果一项工作从头到尾，都只有一名员工参与，那么这项工作必定是失败的、无效的、将产生负面影响的。"这句话充分体现了合作意识的重要性。个体的思维方式和行为方式具有一定局限性，因为一个人考虑问题的角度往往是片面的、不合理的。通过建立合作关系，使得员工之间的工作能够相互配合和影响，这不但可以激发群体的思维活力，同时更能够保证工作内容的有效性与可行性。

其次，配合解决工作中的问题。

在企业发展的过程中，部门之间、员工之间很容易发生摩擦，因此在解决问题的过程中不能有特权的存在。管理者通常在面对这样的问题时，会借助自身的权力干涉问题的发展，降低问题所产生的影响。虽然，这解决了暂时性的问题，但从长远的角度考虑，这样的方式增加了问题再次发生的可能性，并减弱了员工自主解决问题的能力。

在遇到问题时，人们通常可以通过部门间合作来解决。因为只有通过部门间不断的磨合，达成一种共识，才能更好地解决问题，并避免相同问题的困扰。所以，在面对员工的求助时，管理者要学会适时地告诉员工“在你的职权内有更好的方法解决这个问题，我不能满足你的要求”。

对于企业发展而言，培养员工的合作意识至关重要，而管理者的职能也在于此，将合适的员工放在合适的位置，并努力营造一个适合员工发展的企业氛围，才能够使企业的发展目标与员工的职业发展目标相协调。

◎ 敢于让年轻人担当大任

日本管理学家秋尾森田说：“一个不守信用的人，就如同酩酊大醉的酒鬼，满嘴都是胡言乱语。这样的人最后只能引来怀疑和嘲笑。即使他清醒过来，也不会有太大的改变。”但与此同时，他认为年轻人富有工作的激情，更热衷于具备竞争性的工作岗位，所以，应把重要工作交给年轻人，但前提是，管理者必须在他们面前建立足够的威信，让他们信服，才能激发他们的工作热情。这条原则就是著名的“秋尾法则”。

活力与激情是搞活企业氛围、激发企业发展的动力，而年轻人在这方面拥有先天的优势，相对于企业中老资格的员工，他们更具备活力与激情。在企业的发展中，老练与稳重的员工往往被企业管理者所重视并被重用，然而，在激烈的市场竞争中，企业单靠老练与稳重还不足以立于不败之地，以创新为前提的创造力往往更能使企业适应市场发展的需求。

作为年轻的员工，他们刚刚接受完高等教育，虽然在社会阅历方面显得稚嫩，但在学科的涉猎范围以及对消费者需求动向的了解上，往往比老资格的员工更具发言权。在知识方面，他们的理论基础往往已经达到了一个很高的程度，在消费群体的把握方面，他们往往更能感受到其消费意识的转变。

同时，作为企业的管理者，信誉往往成为其树立威信的关键，一个没有信誉的管理者，会因失去群众基础而成为孤独的管理者。信誉甚至比一个人的能力还要重要，有能力而无信誉的管理者，即使作风强硬也无法赢得员工的信赖。而一个有信誉的管理者，即使他在管理上还有欠缺，仍能赢得员工的尊重，更容易激发员工与管理者之间的信任关系。

从心理学角度而言，守信是一个实现对方期望的过程，当管理者给予员工承诺之后，员工就会对承诺产生期待，进而产生积极的情绪。一旦管理者的承诺没有兑现，就失信于员工，员工的期望就会变成失望，这种巨大的情感落差会使员工对于管理者失去好感。这对于管理者形象的影响将是毁灭性的。

我在美国见过一家企业，它的老板是一位移民新加坡的华人，用自己多年的积蓄到旧金山开设了一家连锁餐馆。经过几年的经营，企业有了一定的规模，老板就想把生意扩展到美国东部，所以想派一个得力的干将去负责这一巨大市场的拓展。

这是一个很重要的职位，许多人都想去。而且，这些人都是他在企业的发展中一手培养出来的人才，是公司的主力。其中，有一名年轻人用自己过硬的业绩赢得了他的好感，虽然他资历尚浅，但最近一年来表现出了非常强的管理能力和对市场的敏锐眼光。于是老板就找他谈话，对他许下了承诺，也在公司内部通报了这一件事。年轻人很高兴，花了半个月的时间对东部市场做了详细的调查，写了几万字的市场分析报告，并呈报给了老板。但这时，这位老板突然产生了一个顾虑，他怕这名年轻人由于经验不足把事情搞砸，使这么大的一笔投入化为泡影。所以，他改变了主意，转而任命另一位年龄较大而且是从新加坡带过来的老人去做这件事。

消息一出，年轻人失望至极。同时，这件事在企业内部也引起了很大的反响，因为这说明老板对于年轻人是不太信任的，只想重用那些“自己人”。于是，年轻人选择了离职，同时还带走了十几名比较重要的当地员工。结果，企业的东部拓展计划最终还是没有成功，而那名年轻人去纽约自己开了一家餐馆，经过一年多的发展，已经在东部小有名气了，马上就要设立自己的第二家、第三家连锁店，俨然已对这位老板形成了挑战。

听说了这件事以后，这位华人老板的肠子都快悔青了。

从这个故事中我们可以看出，失信会导致惨痛的结果，会使员工丧失对管理者的依赖和尊重，严重影响到管理者的个人形象，不仅会使管理者在企业中，尤其是年轻员工中丧失威信，而且还会损害企业的形象。

在员工面前树立你的信誉

作为企业管理者，管理能力是管理效率的直接体现，然而有效的管理要以信誉为基础，一个没有信誉的管理者，他的举措或者管理都将受到员工们深深的质疑，从而在员工中失去影响力。一旦产生这样的后果，再强的管理能力也失去了施展的平台。树立信誉就是树立管理者的形象，良好的形象所产生的影响力，可以有效地驱动员工服从管理者的管理和安排，这是实现企业管理的关键所在。

所以，管理者在管理企业的过程中要注意：

1. 避免开空头支票

管理者在处理员工问题或者面对员工请求时，往往会为了展现自身的能力或者树立自身形象而盲目地答应员工的请求，但最后常因各种原因无法兑现承诺，这也就是我们通常所说的“开空头支票”。“空头支票”不仅不能真正满足员工的需求，而且还是一种情感伤害，会削弱员工对管理者的认同，甚至影响员工对企业的信任。它就如同画饼充饥，“又想马儿跑，又想马儿不吃草”，最终使人们失去对“饼”的向往。

2. 制定的措施或者工作安排不能轻易改动

管理者的行为会对员工的工作行为产生重要的影响，随意地改动既定措施或者工作安排，会使员工产生不安定感，并对管理者的管理能力产生怀疑，进而影响到管理工作的正常进行。管理政策的制定体现管理者综合各方面因素、考量员工工作内容的能力，管理者随意改动措施或政策是一种不自信的表现，这会使管理者陷入“信任危机”。

3. 杜绝毁约

经过研究发现，管理者或者上司出尔反尔的毁约行为，往往并非管理者的本意，然而这仍然对员工造成了实际的情感伤害，导致员工无法正常进行工作。而违反协议的毁约行为，更是一种触犯企业制度甚至法律的行为，它严重损害了企业的形象，同时引发了员工的极大不满与反抗。所以，在企业管理中，管理者不仅要杜绝失信于人的情况，更要杜绝毁约的恶劣行为。

失信于人——管理者的灾难

失信就是出于各种不同的原因无法兑现承诺的情况，虽然这并非管理者的本意，却对员工的情感造成了实际的伤害，而且这种伤害往往是无法挽回的。管理者在日常的管理工作中要严格要求自己，加强自身的修养，杜绝失信于人就显得非常重要。这需要管理者在以下几个方面做出努力：

1. 严格要求自己

失信其实就是一种自我要求不严格的表现，无法正确地分析处境并做出正确的决断，是导致失信的最主要原因。从自身做起，严格约束自己的思想和行为，使自己的头脑时刻保持冷静清醒，这样才能理性地对待员工的问题和要求。

2. 不轻易承诺

管理者要充分地认识到，承诺会给员工一种美好的期待，无法兑现的承诺将会对员工的情感造成严重的伤害。所以，管理者在发出承诺之前，首先要对承诺的内容做出准确的判断，根据对实际情况的把握做出有效的承诺。一旦做出了承诺，就要严格地遵守，不做失信之人。

3. 学会说“不”

通过满足对方的需求或者实现对方的愿望来树立自身的形象是管理者通常采用的方式，然而这并非意味着员工所有的需求都可以满足，所有的愿望都能实现。在充分考虑现实情况的基础上，对于无法承诺或者时机尚不成熟的事情要学会勇敢地说“不”。拒绝别人的请求虽然会伤害到对方的感情，但这至少表现出管理者坚定的立场和原则，即使员工的愿望得不到满足，他们同样会对管理者给予认可，管理者合理而科学地拒绝他人，同样可以树立起自身的良好形象。

4. 培养信用意识

信用是渗透到企业以及社会生活中的一种优秀的品质。管理者可以在日常生活或者企业生活中，从小事做起，培养自己的信用意识，一旦答应了员工的请求或者做出了承诺，不管付出多少艰辛的努力也要及时兑现。比如，在企业面临严重危机时，管理者承诺要早到晚归树立典范，这其实是一件很小的事情，只要合理地安排时间、严格执行，就很容易做到。通过这些小事逐渐培养起自己的信用意识，这样才能树立起良好的个人形象。

Part 5　第五部分

制度化管理的常识

在企业管理中，不乏由于企业管理者“坠机”而导致企业破产的现象，那么是不是有一种保险可以使管理者在“坠机”之后，企业仍能保持原有的发展态势？答案是肯定的。那就是建立一套完善的管理机制。企业的发展不能仅依靠英雄，只有建立一套完善的管理机制，才能保证企业的长远发展。

◎ 假如老板突然失位怎么办？

在企业的管理中，管理者需要建立一套完善的制度，避免因为管理者突然“坠机”而使企业陷入危机，这一条管理常识又被称为“坠机理论”。

依靠“英雄”维系的团队，不具备持久生命力

“坠机理论”在本质上就强调了企业制度的重要性，企业长远发展不能完全依赖于“英雄”，而是要依靠完善的制度。在现实的企业管理中，管理者通常会忽略了这一点，因为没有哪个管理者愿意去想自己遇到“坠机”的事故。

阿斯是一个非常杰出的管理者，在他的企业中你总是能看到一派欣欣向荣的景象。所有的员工都能够积极地从事自己的工作，而管理阶层的工作也都进行得非常顺畅。阿斯的下属就曾这样赞美阿斯的管理：“我从没有在任何一个别的企业中，体会到如此顺畅的管理工作。他简直就是一部管理学的著作，所有问题在他面前总能迎刃而解，我们几乎不用担心出现问题。阿斯是我们企业中所有员工的偶像，我们都希望能成为像他那样的管理者或者在这样的管理者领导下工作，工作对于我们来说简直就是一件轻松愉快的事情。”

事实上，阿斯的确做到了这一点，三年前他从好友的手中接过这家企业，由于他出色的领导才能，他的员工总是能在这里找到归属感，因而工作效率惊人。阿斯的企业很快就成为全美著名的企业之一，然而就在这时，一次意外改变了企业的命运。

那天，阿斯要去芝加哥出差，离开之前，阿斯将自己离开的这段时间的工作计划交给了自己的秘书。如果按照这个工作计划去执行，阿斯有信心在这段时间企业仍能保持良好的发展状态。然而，在他的汽车行驶到芝加哥附近的时候，却与一辆迎面驶来的违规车辆相撞。他命丧当场，没有留下一句话。

在阿斯去世之后，企业开始面临困境，人们发现没有一个人能够像阿斯那样掌握企业的命脉，领导层陷入一片混乱之中。半年之后，阿斯的企业面临破产，很快就被另一家大型企业吞并，阿斯的"英雄事迹"就此终结。

事后，阿斯曾经的下属这样评价他："不得不说，阿斯是一个百年不遇的'英雄'，他在企业管理上的才能让所有人都为之赞叹，然而，这样一个'英雄'人物最终却葬送了自己，也葬送了自己的事业。从最终的结果看来，不得不说他也是一个失败者。"

这是"坠机理论"最直观的体现，一个优秀的管理者由于没有建立一套完善的制度来管理自己的公司，结果在管理者"坠机"之后，企业因群龙无首最终面临破产的困境。这也从侧面告诉我们，一个仅依靠英雄维系的企业或者团队，没有强劲而持久的生命力。

完善的制度才是企业发展最有力的保障

我们都知道，保险行业的蓬勃发展并不是一个意外的现象，随着经济水平的提升，人们对于健康的要求也越来越高，同时，人们越来越重视"死后”的事情，而不是回避它。勇于面对死亡，使我们更真实地感受到生命的真谛。

你可能也遇到过这样的现象，丈夫要给妻子买人身安全险，妻子却非常气愤，可是不久妻子就因为意外事故丧生，丈夫在悲痛之余，不得不立即去上班工作，因为他没有多余的物质来保障他的生活，更没有多余的时间来伤心。当然我举这个例子并不是鼓励你去买保险，而是想说明一个道理：

在企业管理中，不乏由于企业管理者“坠机”而导致企业破产的现象，那么是不是有一种保险可以使管理者在“坠机”之后，企业仍能保持原有的发展态势？答案是肯定的。那就是建立一套完善的管理机制。企业的发展不能仅依靠英雄，只有建立一套完善的管理机制，才能保证企业的长远发展。

那么，一个好的可以成为“坠机”保险的机制应该体现哪些内容呢？

1. 制度要公平公正

这是企业所有规章制度和政策中最重要的内容，可以为“英雄”的成长与发展创建良好的环境，一个不公平的规章制度就像一次不公平的交易，总会使一方的利益受到损失，这样的合作绝不会长久。公平公正是规章制度的前提，如果对管理层的要求明显低于对员工的，就会导致员工产生不满情绪，无法积极地投入工作，进而使工作效率下降，给企业造成损失。当然，如果制度对管理层的要求过高，却对员工的约束不够，这就会使管理阶层人心涣散，无法正常地投入到管理工作中，而且也会使员工出现懒散、消极怠工的现象。

2. 制度要体现出对人才的关注

上面我们已经提到仅由“英雄”领导的企业不具备较强的生命力，但这并不是对“英雄”的否定。相反，对于企业发展而言，优秀的管理者是至关重要的，因为一个好的管理者可以使企业蓬勃发展并避免危机，而一个无才无德的管理者只会加速企业的消亡。

制度体现对人才的关注，要从两个方面做起：

第一，强大的培训团队，科学的培训方法。随着社会的不断发展，越来越多的企业开始关注对于人才的培养，并逐步从招纳贤才逐渐转变为培养人才。由于新进的人才要有一个适应企业环境的过程，并且企业对于人才也要花费大量的时间来考察他的能力，这就导致了时间的浪费。而培养人才的过程一直渗透在企业的日常工作中，不会造成时间的浪费，而且由于自己企业培养的人才更能适应企业的发展要求，所以，管理者也能很好地发现并帮助人才发展。

第二，公平、科学的晋升环境。随着家族式企业的兴起以及企业中人际关系因素的影响，人才的浪费和不合理利用成为企业发展中的普遍现象。这种现象不仅使人才失去了发挥才能的平台，丧失了对企业的信心，同时还会影响企业员工对企业的信任，产生信任危机。公平的晋升环境就是要破除家族式链条以及人际关系的影响因素，不拘一格任用贤才。科学的晋升机制可以增加员工对企业以及自身发展的期望，有了期望自然就会产生积极的工作情绪，为企业创造巨大的利润。

3. 制度要体现奖惩分明

奖惩分明也是规章制度中不可或缺的部分，但是基于某些原因，奖惩在实施的过程中总会遇到来自各个方面的阻碍，比如层级之间信息传递错误，或者领导阶层克扣奖励，使得奖励政策没有切实施行。在惩罚的过程中也容易出现管理者基于人际关系或者出于自身的疏漏而对员工的错误行为没有及时地发现、指正问题，从而使员工忽视了问题的所在。同时奖惩措施得不到很好的落实，也会使员工对企业产生信任危机，产生恶劣的影响。

作为企业的管理者，你一定要意识到，企业的发展需要英雄，但更需要合理规范的机制来保障企业的正常发展，这样即使英雄“坠机”，企业也不会因此而陷入窘境。对于自身的发展而言，“坠机理论”也给我们提出警示，单凭一项才能或者优势的自我发展，往往会在面临挫折或者问题时陷入困境，并走入“死胡同”。这也提醒我们，优势可以为自身的发展提供便利甚至捷径，但一味依赖优势，往往并不能真正地实现自身的全面发展。

◎ 制度的由来——企业传统是怎么产生并巩固的

我们可以用“猴子理论”来解释这一条常识，它来源于一个有趣的实验：

实验人员在笼子顶端挂了一个香蕉，香蕉下面放了一个供猴子攀爬的箱子，在笼子的顶端有一个自动喷水装置，一旦猴子碰到箱子或香蕉，自动喷水装置就会喷水。实验人员将5只饿极了的猴子分别编号为1、2、3、4、5后放进笼子。一开始猴子们都想去拿香蕉或者攀爬箱子，这个时候就触动自动喷水装置而使猴子们陷入慌乱，一旦猴子松开香蕉或者离开箱子，水就停止喷射。

每只猴子都尝试了几次，都会遇到同样的状况，最终猴子们认识到：拿香蕉是一个危险的动作。

然后，实验人员将1号猴子放出来，换了另一只同样很饿的6号猴子进去，6号猴子想去拿香蕉却被其他猴子打了一顿，最终6号猴子也认识到不能碰香蕉。实验人员陆续将2、3、4、5号猴子依次拿出笼子，换上了同样饥饿的7、8、9、10号猴子，当这些猴子想要拿香蕉的时候，都受到了其他猴子的殴打，最终没有猴子再去拿香蕉。

然后，实验人员将自动喷水装置关掉，放入11号猴子，这个时候奇怪的事情发生了。虽然现在在笼子里的6、7、8、9、10号猴子都不知道碰到香蕉时会有水喷出来，但是它们仍然会阻止 11 号猴子去碰香蕉。

这个实验向我们展示了“传统”是怎么产生并被巩固的，这是一个对企业管理有着很深远的意义和影响的实验。

制度的实施：要与制度的修正同时进行

“猴子理论”在我们生活的方方面面都有很广泛的应用，例如，我们都知道在一个人死后，亲人或者朋友们都会来参加葬礼，有时甚至要行叩拜礼。如果有一个亲戚朋友大摇大摆地走进灵堂，并没有行叩拜礼，他就会引发其他亲友的不满。当然如果你去问这些亲友为什么一定要行叩拜礼，也很少有人能够答得上来。那么，“猴子理论”在企业管理中又给了我们哪些重要的启示呢?

企业的管理过程可以分为两类：一类负责发现并解决问题，这是企业发展的关键所在，在发现并解决问题的过程中企业才会得到发展；另一类则负责监督、总结经验，这是对解决问题的方法的修正和改进，以使企业能够做出最好的判断和选择，能在很大程度上节约工作时间，提高工作效率，为企业创造巨大的利润。

实验中我们可以发现：一次行为导致的结果，会对下一次行为的发生产生影响。在企业管理中也同样如此，比如，一项新政策的提出并没有给企业带来直观的利润，监督者就会判定这项政策并不具备好的效果，从而阻止新政策的施行。

所以，工作中采用新的方式来解决问题也会受到同样的对待。监督者以结果为导向来判定过程的合理性，虽然很多时候这种做法为企业的发展做出了巨大的贡献，但毋庸置疑的是，它同时也限制了员工以及管理阶层的创新精神，因为并不是所有的新策略或者政策都能起到立竿见影的效果，所以，制度在实施过程中也要不断地进行修正。

制度的灵活性：给予不同类型的员工不同的关注

在前文的猴子实验中我们可以看到这样的现象，当猴子去碰触香蕉的时候总会受到猴群的攻击，我们可以将猴子去碰香蕉的行为理解为员工的自由行为，将猴群的攻击行为理解为监督者的约束行为。从这个实验中我们看出，监督者从以往的经验中建立起一套适合企业发展的管理理论，并用来指导或者约束员工行为，很多时候这种做法会给企业带来利益或者减少损失。但是，我们同时也看到，当监督者盲目地限制员工的自由，就很容易使员工失去创新的精神，最终对企业的发展产生不利的影响。

那么，如何给予员工充分而适当的自由？这首先就会涉及管理者的时间管理问题。

管理者的时间主要划分为四个方面：上级管理者占用的时间、组织占用的时间、下属占用的时间、外界占用的时间。管理者只有合理安排自己的时间，才能充分有效地实现时间的利用，为企业节约工作时间，提升工作效率。如果一个管理者每天都跟在上级领导的屁股后面，那他就没有充分的时间去管理组织、下属以及应对其他的事务，同时他也会被戴上拍马屁、无能的帽子。

在管理者的时间中，对于员工占用的时间我们可以分为三个部分考虑：

1. 愚笨型的员工所占用的时间

这样的员工虽然具备踏实肯干的精神，但是不具备很好的创新能力以及独立解决问题的能力，在很多问题的解决上都会失去方寸无法应对。对于这样的员工，管理者必须要花费时间进行帮助。千万不要以为对这样的员工置之不理，会提升你的工作效率，这样的员工占据了员工总数的绝大部分，是企业发展的中流砥柱。忽视了这种类型员工的发展，必然会给企业带来灾难性的影响。

2. 能力型的员工所占用的时间

这样的员工具备很好的创新意识，在面对问题的时候总能拟定并提出自己的想法，是企业发展的巨大推动力。然而，这样的员工同时也具有一些弱点，比如他的领导能力不强，不能很好地协同各部门。或者，由于创新能力突出而使他不受管理者的约束，做出出格的行为，给企业造成损失。管理者同样要花一定的时间来监督这类员工的工作状态，在适当的时候给予帮助和支持。

3. 人才型的员工所占用的时间

对于企业的管理者来说，人才型的员工最受欢迎，因为他们总是能很快发现问题并提出解决问题的最好方法，最关键的是他们能够很好地实现自我管理，并恪守管理者制定的原则。你会发现，这样的员工总是临危不惧，并能高效地解决问题，他几乎不占用管理者的时间。

制度的人性化：要让员工拥有适度的自由

适度的自由可以发挥员工的创造力，并能够激发员工的工作热情。作为管理者你一定已经发现，处处受到管理者约束的员工，总是处于一种消极的工作状态，工作效率也总是维持在一个不让你失望但也不会让你欣慰的水平。这样的员工好像时刻都处于一种紧张的状态，因为你随时都会对他下达命令以及新的工作安排。

如果一个人才型的员工也受到这样的约束，你就会发现：他的才能渐渐变得不那么突出，他的工作能力也逐渐下降，他好像完全变成了另外一个人。如果你正有这样的想法，那你一定还没有发现这是作为管理者的你一手造成的。

自由程度对于员工行为的影响非常重要，这就好比是一个优秀的赛车手，如果教练总是约束他的路线或者操作行为，他本身的天分就会渐渐地消失，教练也会产生这样的想法："我一直以为他是一个有潜力的赛车手，不过现在我发现我错了。"这的确是你的错，你亲手毁掉了一个优秀赛车手的前程。当然这并不是说自由程度越高越好，不适度的自由就是一种放任，会使员工失去前进的方向，最终给企业带来损失。

不同的员工要不同对待，只有适度的自由才能满足员工发展的需求。

对于愚笨型的员工来讲，因为他并不具备适应自由的能力，所以管理者要在循序渐进的过程中逐渐给予一定的自由。这就好比是一个只会开车却对赛车没有很多了解的人，如果教练总是放纵他，给他充分的自由，他很可能会因为操作失误而导致灾难性的后果。

只有通过循序渐进的引导，适当地给予他自由，愚笨型的员工才能逐渐得到发展，并向能力型的员工转变，这对于企业发展也具有重要的意义。没有哪个企业会抱怨我们愚笨型的员工太少，能力型的员工太多。

对于能力型的员工，他所欠缺的是各部门间的沟通和管理才能。作为管理者，对于这样的员工一定要给予充分的自由，但同时要时刻关注其发展状态，并及时给予指引、纠正或帮助。这就好比是一个车技很好的赛车手，当他出现原则上的失误或者问题时，教练一定要及时地给予指正，这样他才能真正朝着一个杰出赛车手的方向发展。

对于人才型的员工，管理者要做到授权后的绝对放权，给予其充分的信任以及发展空间。这样的员工已经具备了独立管理的能力，能很好地配合各部门之间的工作，并解决出现的问题。如果对其处处设限，很容易使人才型的员工对企业失去信任感和工作的热情，阻碍其自身的发展，进而对企业的发展产生不良影响。

传统往往在某些层面上扮演着“权威”的角色，然而，人们对于这种权威的理解往往停留于一种盲从的状态。对于传统，我们应该自身有明确的态度，应根据现实条件以及事态的发展，对传统的权威做出合理的衡量，做到“不盲，不依赖”。

◎ 制度的执行力——1+1 怎么才能大于 2？

这一常识又叫作“华盛顿合作定律”，它指的是：一个人敷衍了事，两个人互相推诿，三个人则永无成事之日。那么我们不禁要问：为什么随着人数的增加，效率反而变得更低？

人数并不一定代表工作效率，因为其中还涉及一个执行力的问题。通过有效地利用资源和对各部门工作的协调，有效地完成生产或者工作目标的能力，即为执行力。对于企业或者团队而言，执行力将直接影响到其在预定时间内是否能够完成企业或者团队的战略目标，通过工作任务完成的质量，直接影响到企业或团队的战略定位与布局，是企业经营、团队发展的灵魂与核心。如果团队成员缺乏合作，人数再多也很难高效地完成工作。

现在，效率已经成为影响企业或团队发展的主要因素之一，企业或者团队对于效率的追求也与日俱增。高效率地工作不但可以缩短工作时间，缩减企业或者团队的开支，同时也可以使产品更快地打入市场，占领市场，使产品具有更强的市场号召力，最终推动企业的快速发展。

避免集体惰化

在企业管理的过程中，经常会遇到这样的现象，当你招聘了新的员工来参与生产工作的时候，员工的生产效率并没有同比增长，反而出现了下滑。这就是“华盛顿合作定律”所阐述的第一个现象：集体惰化现象。

在著名的“拔河实验”中，随着参与拔河人数的增加，每个人所施加的力量却在减弱，而减弱的程度更令人触目惊心。也就是说，当集体完成一项工作或者任务的时候，集体的工作效率要比单独完成此项工作或者任务的效率低很多，这就是集体惰化的作用。

在集体中，人与人之间的合作关系对集体的工作效率会产生至关重要的影响，这种合作的关系并非人数的简单叠加，而是存在着复杂的相互关系。如果集体的成员之间形成有效紧密的配合，就会使成员之间产生强大的推动力，提高集体的工作效率，也就是 1+1>2 的意义所在。

当然，如果集体形成了一种懒惰的氛围，成员之间的合作关系就会受到影响，最终使集体的工作效率大幅下降。经过仔细地分析与考察之后，我们不难发现，成员之间之所以会产生惰化现象是因为：

1. 工作量化不具体

当然，在经济社会发展迅猛的当今，这样的现象已经非常少见，如果集体成员在工作的过程中没有一个对工作结果合理的衡量，就会使成员产生消极怠工的行为。这是制度的缺陷导致的，而非员工本身就具有这样的惰性。

2. 个体成员的攀比心理

这是一个团队中很容易发生的现象，成员在工作的过程中，总会以为其他的成员没有努力，所以，自己也不用努力，或者自己与优秀成员之间的差距过大，因而自暴自弃。这种思想具有很强的传播力与感染力，一旦团队中的一个成员具有了这样的思想，那么这种思想将很快在团队中蔓延开来，最终产生恶劣的影响。

3. 没有明确的组织目标。

这是团队产生惰化现象最主要的原因，没有明确的组织目标，很容易使成员产生消极的情绪进而影响到团队的效率。

那么，如何才能避免“华盛顿合作定律”的负面影响和消极影响呢？

减少我们的组织内耗

在“华盛顿合作定律”中，除了上面说到的集体惰化的现象之外，还有两种现象，那就是“旁观者效应”和“组织内耗效应”。当一个人承担工作的时候，由于没有旁观者的存在，虽然会出现敷衍了事的现象，但仍能勉强完成工作，这就是“华盛顿合作定律”中所说的“一个人敷衍了事”的原因之所在。

当两个人承担一项工作的时候，由于有了旁观者的存在，如果工作没有细致划分，就会使两个人相互推诿，使工作无法顺利进行。如果成员不断增加，就会导致旁观者的数量增加，使成员的工作效率进一步降低，这也就是“华盛顿合作定律”中“三个人则永无成事之日”的原因所在。

“旁观者效应”的不断扩大就会导致“组织内耗效应”的发生，参与同一工作的成员越多，所造成的组织内耗就越明显，两个人之间只存在一种关系，而四个人之间就会存在六种关系，随着组织成员的不断增加，这种关系也以几何形式递增，而它所造成的组织内耗就会更严重。

如何避免“华盛顿合作定律”的现象，已经成为企业管理者关注的问题，在以往的企业管理中，管理学家逐渐总结出以下几种方法：

1. 明确分工

从上面的解说中，你可以很清晰地发现，之所以会产生“旁观者效应”和“组织内耗效应”，是因为没有明确的分工，员工不能明确自己所担负的工作内容或者责任。明确了每个员工的分工，员工之间就会因为工作内容的不同而不会产生“旁观”的现象，同时，明确的分工还可以清晰地体现出每个员工的工作效率，这样就很容易找出影响组织团结的“害群之马”。

2. 有效的激励

激励可以分为物质激励和精神激励，物质激励包括工资、奖金、福利等，它可以在一定程度上消除员工的不满，但不会满足，因而也被称为外在激励。物质激励是企业中必备的激励方式，如果你的员工在付出了辛勤的劳动之后，没有得到应有的报酬，就会产生不满情绪，这种情绪会转化为消极的工作状态，对企业产生不利影响。同时，企业能为员工提供的物质激励也是有限的，企业不可能用超过员工创造的价值来满足员工的物质需求，因为这样只会使企业陷入财政危机。

精神激励指的是，给予员工情感上的关怀，满足员工在自尊、情感获取以及自我实现上的需求。精神激励可以真正使员工产生满足感，使员工处于积极的工作状态，其所带来的工作效率的提高是不容忽视的。所以，企业的管理者要以精神激励为主，同时伴以适当的物质激励，在两者的协调配合下使员工保持最佳的工作状态。

在激励的过程中，管理者还要注意几个问题，这些问题都将影响到激励的施行及其所产生的结果。

第一，赏罚要适度。

员工的赏罚制度，与企业自身的利益直接相关，过度的奖励会提高企业的成本，同时，也会对员工的工作氛围产生不利的影响。试想，如果一个普通员工与优秀员工之间在能力上的差距并不大，但是他们在薪资、福利方面的待遇却差之千里，这必定会使普通员工产生不满的情绪。当然，有赏就得有罚，如果惩罚的力度过大，很可能会伤害到员工的自尊，并导致严重的后果。反之，赏罚的力度过小，就会使赏罚失去了它本身的意义，起不到任何有效的作用。

第二，赏罚要公平、公开。

赏罚公平，可以为员工营造一个公平公正的工作氛围，员工就不用担心会受到不合理的待遇，因而能积极地投入到工作中去。如果两个有着相同工作业绩的员工，受到了不公平的待遇，就会使员工对企业产生不满，而这种不满情绪在员工之间的感染力也是非常巨大的，很容易在团队中形成一种不良氛围，使员工丧失工作的激情。赏罚公开，可以使员工充分认识到自己的工作效率。通常企业会采取“优秀员工榜”“季度生产冠军”“金种子员工”这样的形式，来对员工进行公开的奖励。这样不但能使受奖励的员工产生荣誉感，同时还能使其他的员工受到鼓励。

而公开的惩罚对于员工来讲，可能是一种有效的鞭策，也可能会使员工丧失工作的激情与斗志。在企业管理中，公开地惩罚员工的方法一定要慎用，在不涉及原则问题，对企业发展没有产生巨大影响的前提下，我们不提倡公开的惩罚。一些企业，在季度中评选出“最差员工”“进步最缓慢员工”，这样很可能会伤害员工的自尊心，这就违背了激励的根本目的。对于工作效率偏低的员工，管理者更应该采取鼓励的方式，来提高员工的工作效率。

第三，强化组织沟通。

在企业发展过程中，员工与员工、上级之间以及各部门之间产生冲突是不可避免的。如果这些冲突没有得到合理的解决，就会使员工的不满情绪逐渐积累，并产生交往障碍，对员工的工作产生不利的影响。通过有效的沟通，可以很好地避免冲突的升级。在相互沟通了解的过程中，各部门之间本着求同存异的原则逐渐熟悉、相互了解，矛盾就很容易被化解。这样，才能有效地避免集体惰化的现象发生，为企业的发展提供强大的动力。

Part 6 第六部分

提高效率的常识

企业要想使一个团队处于兴奋的状态或许并不容易，但如果想使一个团队失去作战能力，只需要一丝疏忽与放纵。所以，企业要从制度管理方面对员工的行为进行有效的约束，超过任务标准以外的业绩将会受到合理的奖励，低于任务标准的业绩将会受到明确的批评与惩罚，从制度的高度约束员工的行为。

◎ 为团队成员制造必要的危机感

管理者必须为员工制造必要的危机感，没有压力就没有动力，压力只有在能承受它的人那里才能很好地转化为动力，这一与效率有关的常识，就是由美国银行家路易斯·B. 蓝柏格提出的“蓝柏格定理”。

这一定理指出，只有为员工制造一定的危机感，才能使员工有效地将压力转化为动力。因而这也是一则刺激员工发展、鞭策员工前进的常识。在现实的企业环境中，在制度、管理以及自我实现的夹持中，员工在企业中的发展往往处于一种被动的局面，这增加了企业管理的难度，同时也在无形中减弱了员工的创造力。

消极、懒散的工作状态严重影响着员工的工作效率，使得企业发展受到阻碍，这其中很大一部分原因来自于员工责任心的流失，而导致这种现象的关键，就在于企业没有赋予员工足够的责任。简单地说，企业没有让员工感受到应有的压力。

在个体能够承受的心理范围内，压力可以迅速转化为动力，激发个体的热情。但是，当压力超越了这个限度之后，就只能发挥压力的负面作用，打击个体的信心与情绪，使个体处于“自我怀疑”与“自我打压”的消极情绪状态中，不利于自我能力的提升与发展。

狼在山间捕猎，不小心掉进了深坑，它试了很多方法都没能成功地逃出。此时，一只大象来到深坑前，看到了掉进去的狼，大象对狼非常仇视，因为前不久有一只年幼的小象在受到狼群攻击后死去。于是大象决定用土把狼埋在深坑里，这样狼就没办法再伤害其他年幼的小象了。而此时深坑中的狼则感到十分危急与绝望。

当土从深坑上面一堆一堆地掉下来时，狼惊恐地乱蹦乱跳。但在仓皇中，它突然发现当自己蹦跳的时候，身上的土掉在坑底竟然不知不觉减小了坑的深度。于是，狼不停地将自己身上的土抖落到地上，然后用脚踩实。由于大象背对着深坑，它对坑里面发生的情况一无所知。

过了很久，大象感觉到累了，于是它回头向深坑里望去，发现土已经快要达到坑口，大象以为狼已经被埋在了深坑里，于是高兴地走了。然而，此时狼早已经在大象的"帮助"下逃脱了。

在这个故事中，从坑口不断掉下的十就好比我们时刻要面对的压力，它充斥在我们身边，束缚了我们的手脚，并逐渐削弱我们的意志，打击我们的信心。然而正是在这种压力的作用下，那只狼找到了逃脱的方法，它反抗的天性使它不断抖落身上的土，发现了生机。如果当坑口的土不断掉落时，狼因为绝望而坐以待毙，那么它很有可能像大象所希望的那样被埋进深坑，永远无法逃出了。

对于企业员工来讲同样如此，工作的平稳与顺利在某种程度上造成了员工懒惰、消极的工作态度，因为他们感觉不到危机。企业给员工制造出某种危机感之后，员工才可能在压力的驱使下寻求突破，积极热情地投入到日常工作中去。这不仅会提高员工整体的工作效率，还将促使一大批人才涌现。

有压力，才有动力

企业管理者自身必须具备危机意识，即使在企业前景一片大好的情况下也要保持这种危机感。因为风平浪静并非意味着远处没有暴风疾雨，企业在瞬息万变的市场环境中生存更应该如履薄冰。

那么，要想使员工产生危机感，激发员工的工作热情，企业应该从哪几个方面做出努力呢？

1. 制造并强化危机意识

微软公司提出“我们离破产永远只有 90 天”，这种迫在眉睫的危机感会直接作用于员工的心理，当员工深刻感受到这种危机，就很容易使自身的工作行为处于一个紧凑而有效的状态中去。危机意识是一种巨大的推动力，在大自然中，羚羊只有意识到周围的危机，才能越跑越快并逃脱捕猎者的追捕。企业管理也是如此，管理者和企业环境不应该成为阻止员工发展的“肥水美草”，而应该成为驱动员工快速奔跑的“捕猎者”，时刻鞭策并鼓励员工的发展。

2. 创建危机意识下的企业环境

在企业工作中，很多员工会有这样的想法：无论业绩怎么差都可以高枕无忧，至少会有基本工资可以维持生计。在这种氛围的影响下，员工的行为会变得越来越懒散、越来越消极，更为严重的是，这种消极的思想继续在团队中散播，形成一种集体的惰性，从而影响企业的发展。企业要想使一个团队处于兴奋的状态或许并不容易，但如果想使一个团队失去作战能力，只需要一丝疏忽与放纵。所以，企业要从制度管理方面对员工的行为进行有效的约束，超过任务标准以外的业绩将会受到合理的奖励，低于任务标准的业绩将会受到明确的批评与惩罚，从制度的高度约束员工的行为。

3. 平衡风险与稳定的关系

对于企业而言，要想塑造一种常态化的危机意识，要综合风险与稳定的关系，使员工处于一种具备“风险意识”同时又相对稳定的工作环境中。也就是说，企业所赋予员工的危机意识，要处于员工可接受的范围之内，对于害怕失去工作的人而言，一味地给予他们风险和压力，有时候会使他们产生挫败感，反而会对企业的发展产生消极的影响。

压力要适度，物极则必反

压力要保证能对绝大部分员工产生作用，同时又不会使员工陷入焦虑。焦虑是一种可怕的情绪状态，一旦企业所创造的压力环境使员工无法适从，产生焦虑情绪，那么员工的工作状态不但不会好转，反而会更加糟糕。更重要的是，焦虑的情绪状态很容易在群体中互相传染，进而使一个人的焦虑变成群体性的焦虑，这对于企业的发展所产生的负面影响是非常深远的。

我们知道，很多国内企业在前几年为了赶进度，制定了严苛的激励制度，使员工的压力非常大。为了完成领导安排的任务，一些企业的员工加班加点地工作，几乎没有休息的时间。当然，休息的时间越短，工作的时间越长，员工得到的奖励也就越高。

这就进入了一种恶性循环，很多员工为了完成企业安排的过多的任务或获得过高的经济奖励而拼命地加班。时间长了，就有一些企业的白领出现了问题，有的人因为压力得了抑郁症，有的人则跳楼自杀，还有的人在半夜加班时猝死，造成了无法挽回的悲剧。

只让员工拼命工作，却不考虑他们的健康和休息，这样的鞭策就真的成了一种恶性的压力，无法转化为积极的动力。对于企业而言，这是必须加以警惕和避免的一种现象，危机管理必定要采取更为严格的措施规范员工的行为，并对消极怠慢的员工采取措施。但与此同时，企业是否采取了有效的外部措施来缓解或者平衡危机管理所带来的风险，比如焦虑和健康问题？

这要求企业要考虑到以下几个方面：

1. 危机管理与员工的报酬相结合

危机管理必然会导致员工处于紧张的工作状态，这样会使员工的工作效率得到暂时性的提升，此时如果员工的报酬无法与其所创造的价值相平衡，那么就很容易使员工产生不满情绪，甚至对企业产生信任危机，违背了危机管理的最终目的。

2. 危机管理要与愿景相结合

在进行危机管理给予员工压力的同时，要不断地体现出员工的付出与企业愿景之间的有效关系。以实际的奖励来告知员工为企业发展所做出的贡献，使员工在思想层面与企业发展融为一体，更有效地维持员工积极的工作热情。危机管理的根本就在于必须与愿景结合。没有希望的危机就失去了努力的价值，进而就会失去员工的努力与支持。

3. 危机管理要融入制度管理中

危机管理并非一个口号，要想真切地发挥危机管理的作用，就要在制度的高度体现出危机管理的重要性。制度是企业发展的灵魂，以制度的高度来体现企业对于危机管理的重视，这样才能更好地纠正或者指引员工的工作行为。

压力与动力之间存在着一定的转换关系，危机管理也正是借助了压力的这种特性，在不断调和个体愿景与现实条件的矛盾的过程中，激发个体发展的积极性与自信心，进而转化为个体发展的美好情绪。所谓的正压力与负压力讲的就是这个道理，这同时也为个体发展做出了指引，压力在促进自我发展的过程中发挥着重要的作用，要正确地认识到压力的积极作用，变压力为动力。

◎ 衍生工作——效率低下的罪魁祸首

在企业管理中，有时候在进行变革时没有触及根本，却又产生了大量衍生工作，导致效率下降、成本上升。这种现象，我们又称之为“叠补丁效应”。

不仅在企业管理中，在我们的日常生活中也存在着这样的“叠补丁”现象。比如，一个因为发炎而引发高烧的病人，如果医生没有用消炎药而一味地使用退烧药物，即使症状得到缓解也会很快复发。当患者再次来到医院的时候，如果医生仍然使用退烧药物进行退烧，就会产生重复而无用的工作，对于患者来说这是一种伤害。同时，患者很可能因为在别的医院找到了病症的根源，而对这家医院失去信任。

在班尼的企业中有两个仓库，一个是用来储存加工原材料的，另一个是用来储存成品的。然而由于这两个仓库的管理者离职前，没有明确地注明两个仓库的用途，新员工经常会把原材料以及成品放错仓库，公司每次都不得不动用大量的员工进行重复的工作，将它们分别放回原来的仓库。

当员工们将这个问题反映给班尼的时候，班尼简直要笑出来，他用一个红色的喷漆在其中的一个仓库上喷上“成品”，这样两个仓库的用途就分开了。然后，他苦笑着对员工们说：“问题终于解决了，这下不会再发生这样的情况了。”

这听上去像是一个荒谬的事情，可是在企业的管理中，这样的事情总是在不断发生，消耗着企业的资本。你是不是因为公司的规定，而在办理某项事务的时候必须要多走一些弯路，因为你觉得自己权力有限，而没有向企业管理者反映这个问题，最终造成重复工作，使工作效率降低？你是否出于对权力的畏惧，而在解决某个问题的时候，为了不触及管理者的利益而打“擦边球”，只解决表面的现象？你是否经常感觉自己在做重复无用的工作，却找不到问题的根源？……

产生不必要“衍生工作”的三大主因

我们来看“叠补丁效应”在企业中产生的原因。通过这些不同的原因，你或许能发现这些问题正在你的企业中悄然发生着。

1. 没有发现问题的根源，从而导致盲目工作

这是“叠补丁效应”在企业中最直接的表现，由于上下级之间交流不善，或者层级之间信息断裂，从而导致某项重复的工作，这样的现象并不容易被管理者发现，从而使得参与这项工作的员工也很难意识到这项工作的无用性。

不得不说，在管理者的决策方面，员工往往由于对决策内容的不了解，而专注于决策所引发的工作行为，进而很难能够在工作过程中发现工作内容的无用性。管理者整天抱怨：“哪里出了问题？肯定出了问题！”而员工对此没有任何感受。这就像一个瞎子问一个哑巴，这个世界是什么样子的。很多时候，管理者会因为这样的自我追问而陷入焦虑，其实，如果管理者肯细心地体会工作的流程，这样的问题是很容易被发现的。

2. 由于权限不足，部门之间沟通不善，而只解决自己部门的问题

在企业中这是一种普遍的现象，每个部门的负责人都会有这样的想法：得罪人的事情不做，只做自己“分内”的工作。当问题再次发生时，部门的负责人仍旧采用同样的方式来解决问题，从而使本质问题被隐藏并衍生出大量无用的工作。这种问题所引发的“叠补丁效应”在企业中最为常见，这就涉及不同层级之间和不同部门之间的配合。然而，企业赋予员工的使命使得员工只专注于做自己“分内”的事，对外在的问题无法察觉。

3. 在处理问题的过程中，为了避免触及权力者的利益，而只解决表面的问题，不触及问题的根本

在企业的日常管理中，管理者总是喜欢听到赞美声，没有人愿意得罪权力者，因为这很大程度上关系到自身的利益和发展的前景。所以，在触及权力者利益的时候，员工或者下属往往出于对权力的敬畏而使工作偏离了正确的轨道，从而产生重复的工作。

抓住“重点”与“核心”问题，才能实现彻底改革

一个具有活力的企业，能够营造出积极向上的企业氛围，能激发员工的工作热情并提高管理者的工作效率。这就为企业的发展提供了强劲的动力，同时从某种程度上讲，这节省了企业的开支，使企业效益最大化。

然而，由于“叠补丁效应”对企业的影响，使得企业中充满了繁杂与重复的工作，这不仅给员工造成了巨大的压力，降低了员工的工作效率，同时还增加了企业的支出，从而使企业陷入困境。

在企业管理中，这些问题产生的根本原因就在于管理者没有抓住问题的重点及核心。这里所指的重点就是发现问题，而核心则是解决问题。只有发现问题，并致力于解决问题，才能最终破除“叠补丁效应”对企业的危害。那么，如何才能很好地发现并解决企业中存在的问题呢？

1. 作为企业的管理者应该具备全局意识，从企业整体利益出发，以结果为导向发现过程中出现的问题

全局意识要求管理者要熟悉企业中各部门之间的合作方式及各项事务的流程，清晰把握企业整体的发展态势。同时，要以实际的工作效率和产量为导向，发现员工在工作过程中或者管理者在管理过程中所出现的问题。

例如，销售部门近几个月的销售业绩出现了下滑，这个结果表明企业在销售过程中出现了问题。此时，管理者首先要自上而下考虑导致这种结果的

原因，是不是企业的新政策对销售部门产生了影响？是不是生产部门的生产根本满足不了销售部门的需求？与销售部门相关联的各部门工作有没有出现问题？销售部门每一名员工的销售业绩有没有明显的波动？导致这种波动的原因是什么？

2. 要建立一套完善的规章制度

很多时候，企业出现问题并不只是员工的工作出现了问题，而是我们的规章制度出现了漏洞。制度的不完善或者不合理，都会导致企业进入“病态”的迟缓发展阶段。一套完善合理的规章制度，应该体现各部门之间的合作关系和员工的切身利益，并减少团队合作中可能出现的问题，使企业获得最大的利润。

在企业中，规章制度所引发的问题是非常常见的。比如，一家公司以完善人力资源管理体系作为重点，来完善员工的晋升机制。在这家企业中，员工的晋级要通过各层级之间的评分以及实际的工作效率来考核，只有各层级统一对员工评分达到要求，并且员工工作效率达到一定水平才能使员工成功晋级。这样的方式导致员工可能要十年或者二十年才能晋升一级，从而使员工的工作积极性大幅下降。然而新的制度并没有打破常规，而是承袭了以往的方式，使得员工最关注的问题最终没有得到很好的解决。

对于个人的发展而言，这一与效率有关的原则同样可以给我们以启发，解决问题不能只看问题的表象，只有发现问题的根源，才能最终解决问题。这也告诉我们，要用另一种眼光看待问题与挫折，而不要被表面的困境所迷惑，这也是一个人在发展道路中所要具备的基本素养。

◎ 如何让员工释放他们的不良情绪?

通过运用一些办法使员工的情绪得到宣泄，来提高员工的工作效率，这就是“霍桑效应”，也被人们称为“宣泄效应”。

现代社会的竞争特点，决定了每个人都不可能一帆风顺地成功，一个人在发展道路上总会遇到种种挫折。这是社会生活的常态，也是一个人发展的常态，然而这些本应该被正视的常态却不可避免地会让人产生一些负面的情绪，更有甚者会因此对生活产生消极的看法。

此时，适当地宣泄情绪也就至关重要，它可以很好地消除或者减少人们的消极情绪，使人们保持对生活的憧憬和向往，进而积极地融入生活并且创造更美好的生活。

通过主观激励，激发员工的潜能

对于企业而言，员工是创造企业利润的直接参与者，员工的工作效率直接影响企业的利益，并对企业的发展产生重要的影响。因此，作为企业的管理者，必然要将提高员工工作效率作为企业管理的重中之重。通常情况下管理者会采取加薪、改变工作环境及待遇的方式来激发员工的工作热情。

然而，通过研究我们发现，提高薪资等外部手段并不能真正维持员工的工作热情，而且不适当的奖励甚至会降低员工的工作热情。“霍桑效应”为我们提供了另一种主观激励的方式，用以提高员工的工作效率。我们先来看一个关于主观激励的故事。

在美国的一所著名的高中里，我们的实验小组做了这样一个测试，来验证主观激励对人产生的影响。这个学校有一个特殊的规定，那就是每年都会进行一次成绩考核，并根据成绩将学生分配到不同的班级学习，这其中包括“差等生班”“中等生班”以及“优等生班”。（当然，教室的门口并没有挂着这样的牌子，这在美国是有违法律的。）

我们在众多的教师中选择了一个教学水平相对较差的教师，同时选择了一个“差等生班”作为实验的对象。用一个教学水平相对较差的老师教一群差等生，你肯定认为这是一个疯狂的实验，这只能导致老师的教学水平以及学生的成绩都会越来越差。然而事情并不像你想象的那样，我们告诉这位老师：“你是这所学校里面最具潜力的教师，我们给你安排了学校里面最优秀的学生。”而这群差等生得到的也是同样的信息：“你们是这所学校中最具潜力、学习能力最强的学生，我们给你们安排了全校最好的教师指导你们的学习。”

三个月后，当我们再次回到学校的时候，结果却出乎意料，那个由差生组成的班级的成绩直线上升，在学校排名第二，那位教学成绩本来很差的教师，也因为这次实验而成为学校中最受欢迎的教师之一。

从这个实验中我们可以看出，所谓的“差等生”和“不受欢迎的老师”，在受到外界的激励和肯定时迸发出了极大的“学习”与“教育”的热情，使得双方都在很大程度上得到了发展。主观激励对人潜质的激励作用是非常关键的，作为管理者，在管理企业时一定要注意到这一点。

让员工“内外”兼修，提高工作效率

“霍桑效应”给企业管理者提出了一种激励员工热情、提高员工工作效率的方法。但是外在的物质鼓励以及工作环境也会对员工的工作效率产生影响，如果工人的工资明显过低或者工作环境太差，这都无法避免地会使员工失去工作的热情。所以，在运用这一常识激发员工工作热情的过程中，要做到“内外兼修”“双管齐下”，这样才能取得更好的激励效果，进而提高工作效率。

“霍桑效应”表明，薪资、待遇以及工作环境等外部环境的改善，只能维持员工的工作效率，并不能真正实现提高员工工作热情的目的。但是，这并不表示这些外部的因素对员工的工作没有任何意义，相反它的意义非常重要。那么，企业应该从哪些方面做出改进呢？

1. 改进员工的物质条件以及工作方法

保证员工的薪资待遇以及工作环境的整洁，可以给员工以安全感和舒适感，这样可以保持员工的工作热情。同时，在以技术为生产力的企业管理中，好的工作方法在提高工作效率上发挥的作用也不容忽视。

2. 减轻员工的疲劳感

疲劳感是影响员工工作效率的主要因素，我们都知道一个疲劳的员工不会具备让人赞赏的创造力，这就好比一个疲劳驾驶的司机，很可能会失去对方向盘的掌控而引发灾难。减轻员工的疲劳感要从两个方面入手：一是设立休息日，除了法定的节假日之外，企业都会给予员工适当的休息时间，比如周末或者带薪休假。这样可以给劳累的员工休息放松的时间，来调整自己的情绪状态。二是设立工间休息，工间休息指的是在工作的过程中设立一定的休息时间，通常企业并没有注意到这一点，只是在中午吃饭的时候给予员工少量的休息时间。然而在工作的过程中，员工很容易产生疲劳感，从而导致生产效率下降，而适当的工间休息可以使员工的身心得到最好的放松。

3. 减少员工的单调感

随着机械化流水线生产在企业中的广泛应用，员工每天的工作很可能都在重复一个动作或者一件事情，这导致员工在工作的过程中不可避免地产生单调感，影响工作热情，使员工不能专注于自己的工作，最终导致员工工作效率的下降，影响企业的利益。通过设立工间休息，或者创办员工活动园地等方法都可以减轻员工的单调感，而且创办员工活动园地还可以开发员工的潜力，激发员工的创新精神，使企业发展取得新的突破。

4. 计件生产

计件生产也是机械化流水生产的产物，这种方式已经在几乎所有的企业中得到了广泛的应用。对于员工来讲，多劳多得的计件生产是一种公平的体现，它不仅可以展现出员工之间不同的生产能力，而且便于管理者发现并纠正问题，激发员工的工作热情。

改善这些外部的因素对员工的积极性会有一定的影响，但仍然要借助主观激励来实现最大程度的激励。在此，管理者要意识到一个特殊的组织，它并不是某个部门或者某个团队，而是由团队中的某些个体为维护团体成员的共同利益而自发组成的，我们称之为非正式组织。非正式组织在工作效率上保持惊人的相似，在一个团体中，优秀的工人在完成任务之后就会消极怠工，甚至在一旁休息等待下班。这是为什么呢？正是因为在这个非正式组织中，优秀的员工如果工作业绩明显高出普通员工，就会危及普通员工的利益，普通员工很可能因此而失业。所以，管理者在进行激励的过程中要意识到非正式组织的存在，并引起重视。

这要求管理者在调动员工积极性的过程中注意以下几点：

1. 员工的工作热情受到家庭、社会生活以及团队中人与人之间的关系的影响

管理者要能全面地了解员工工作热情受到影响的因素，比如，一个离婚不久的员工很可能因为婚姻的阴影而无法专心工作，当然，管理者没有权利去干涉员工的私生活，但是可以通过情感的慰藉以及安抚使员工走出阴影，恢复对生活的信心以及对工作的热情。

2. 非正式组织的影响在某些方面已经超越了组织机构或者职权的划分

这就要求管理者要适当地处理与非正式组织的能力者的关系，进行有效的沟通以及管理。非正式组织的存在是一种必然的现象，管理者不能对此进行排斥，而应该采取接纳的态度并对其进行引导。

3. 比起外部条件等因素，安全感、和谐、归属感这些积极的情绪更能激发员工的工作热情，为企业创造巨大的利润

这同时也为管理者提出了一种新的管理方式，以宽容仁爱的态度面对员工，让员工感受到你的热情，他必将为企业做出自己最大的贡献。

4. 人际关系发挥着重要的作用

在激发员工工作热情的方面，基层领导更应该重视与员工之间的人际关系。将团队的意义融于良好的人际关系中对于管理者来说是一种艺术而有效的手段，这可以使团队中的员工团结一致为企业创造最大的利润。

霍桑效应是一则体现对员工情感关怀的效应，每个员工在工作的过程中都无法避免地会出现情感上的波动，这很容易使员工进入低效、疲惫的状态中，影响企业的效益并限制自身的发展。

而对于我们个体而言，情绪对于自身行为的影响是至关重要的，通过表达、沟通等方式将消极的情绪迅速宣泄出去，保持积极的情绪以及心态，这也是一个人适应社会生活的一种能力。

◎ 4+2 法则——管理效率的基本常识

“4+2 法则”是针对管理效率而言的，企业只要做好战略、文化、执行力、组织架构这四个首要的管理要点，并做好人才、领导力、创新、兼并与合作这四个次要的管理要点中的任意两个，就能成功在握，基业长青。

这是一则企业管理效率方面的法则，它在五花八门的管理实践中带领企业找到了一个简单、明确又有规律性、可操作性的务实的企业管理方式。

应该怎样理解 4+2 法则？

在企业管理中，管理法则和模式无时无刻不在冲击着企业的管理，使管理者面临更多的选择。与此同时，管理者也因受到繁多选择的影响而无法有效、及时地做出决策，有效解决企业面临的问题。所以，如何抓住管理的核心，有效利用管理策略提升管理效率，就成为企业发展所面临的关键性问题。

ERP（企业资源规划）与 CRM（客户关系管理系统）都只是企业管理的工具，不能取代“4+2 法则”本身，也就是说企业无论是依赖企业资源规划，还是客户关系管理企业，都不能逾越“4+2 法则”本身的规范。抓住管理的核心与重点，才能有效地维持企业常青，深化企业管理。

“4+2 法则”的精髓是：企业的价值定位应该基于对自己目标客户的深刻了解以及对本公司能力的客观评估，以此为基础找到企业管理的核心与重点，通过加强重点的管理力度来提升企业的核心价值观念，使企业处于一种稳定的、不断深化的、规律的管理状态。“4+2 法则”是一则发展的法则，它具备了创新性与开放性，企业在运用“4+2 法则”管理企业的过程中，不能以静态的、一成不变的观点对待法则本身。只有在发展中寻求管理的核心与重点，辩证地看待企业管理所出现的问题，围绕核心强化重点，这样才能维持企业管理的效率，加快企业的发展。

要运用好“4+2 法则”，首先要将首要因素与重要因素区分开来。首要因素包括战略、文化、执行力、组织构架四个方面，这是实现企业管理、促进企业发展的必备要素，缺少了对任何一方面的考虑，都将导致企业管理陷入危机。

战略是一个企业的眼界与胸襟，以事实为基础的战略方针往往能够引领企业发展的绝对方向，为企业发展指明道路，并很好地预见和解决问题。

文化是企业发展的内在动力，它将企业融合为一个有机的整体，使得团队、组织、员工以及管理者之间形成有效的合作关系，为企业发展提供凝聚力与向心力。不仅如此，企业文化同时是企业面向外界、面向消费者的标签，通过深化企业文化，使人们对于企业的认识更加深刻并形成一种有效的记忆，这对企业发展也是至关重要的。

执行力是维持企业正常发展的关键力量，一个没有执行力的团队无法高效完成团队工作并实现组织目标，进而也就无法实现企业的发展。执行力代表着办事的效率，办事效率低下必然会引发一系列的管理问题，危害到企业的发展。

组织架构同样是企业管理的核心元素，它将企业职能有效地划分为不同的管理部分，在综合各方面力量提高各职能效力的同时实现企业的有效发展。

实现有效管理的“四个根基”

重点因素包括了人才、领导力、创新、兼并与合作四个方面，通过“4+2法则”，我们可以知道企业发展只要做好了首要因素的内容，并综合重点内容中的两个，就可以实现有效的管理，使企业发展基业常青。

那么，如何运用“4+2法则”，实现企业的有效管理？

对于企业管理而言，核心内容是实现企业管理的根本，失去了对核心内容的考量，企业将无法立足市场，更无法实现有效管理，从而也就失去了发展的可能。战略、文化、执行力、组织架构这四方面的核心内容，都是企业管理中必备的因素，要想持续发展就要稳固根基，要从这四个方面着手打造企业管理的根基。

1. 战略

界定明确、沟通充分、重点突出的战略是管理战略的重点，它往往比战略决策更加重要。一个成功的战略要充分地体现出以上三点要求，它可以使企业管理具备三方面的优势：

（1）管理效率。在一个职能明确的管理环境中，各部门明确了责任与权力的内容，企业就能够处于一个知道做什么以及怎么做的状态。而且，在出现问题时，直接责任人会及时地出现并承担解决问题的责任，这样企业发展就会形成一个良性的循环，在这种良性循环的过程中，各职能充分发挥效力，就提高了企业管理的效率。

（2）凝聚力。充分沟通所创造的顺畅、高效的管理环境，可以使各职能之间形成有效的信息传达与反馈机制。任何问题的发生，都会在第一时间内得到合理的解决从而增加了职能间的凝聚力，使企业处于一个整体的良性发展的状态。

（3）核心力量。通过突出重点，不断地寻找并深化企业发展的核心价值，并使核心力量不断地增强并巩固，这对于企业发展而言是非常关键的。要想用全面的优势打败对手是很困难的，因此，在某个重点上具有绝对的优势从而超越对手不失为一种良策。

2. 文化

企业文化所打造出的企业整体的精神面貌、行为方式、观点认知等都将为企业发展创建一个比较和谐的氛围，这种氛围所导致的行为趋向往往是很难改变的。在一个积极热情的企业氛围中，员工行为很容易受其影响而变得积极，而在一个消极的氛围中，积极的行为就会受到遏制与阻碍。

企业文化应该具备两方面的特征：

（1）明确且具有召唤力。通过 VI（视觉识别）系统所表现出的统一明确的企业文化，可以很好地说明问题。明确就意味着方向的唯一性，它有效地指引企业行为朝着特定的方向发展。同时企业文化必须符合并满足企业的情感需求，使其具有召唤力，这样才能有力地指引企业行为，使其保持在正确的轨道上。

（2）普遍性。企业文化所面向的是企业中所有的因素，包括设施、环境、人员、管理方式等各个方面，企业文化要从各个角度对企业的行为产生影响，而所有的企业行为都要体现出企业文化的要求，这样才能发挥出企业文化的引导作用。

3. 执行力

执行力是体现措施与结果之间的最为关键的因素，“如何执行”比执行本身更为重要，盲目地执行必将降低执行的效率。

要想增强企业的执行力，我们需要从两个方面入手：

（1）客观因素。它包括措施施行过程中必备的设施、技能、环境等因素，这是实施措施的必备条件，这对于执行力起着决定性的影响。

（2）主观因素。主观因素主要包括与实施措施过程相关联的管理、合作关系的维护，这同样会受到企业管理方式的影响。创建一个具有高效执行力的环境，是企业实现执行力的关键。执行力是连接企业愿景与现实之间的关键因素，任何完美的设想，不能投入现实的管理只能成为幻想。

4. 组织结构

构建组织的关键在于精简工作并减少官僚主义，这样的组织结构才能称之为高效的组织结构。高效的组织结构，可以减少或避免组织内耗的产生，这需要企业管理从以下几个方面做出努力：

（1）精简。越简单的流程产生复杂问题的可能性就越小，所以，管理越简单往往意味着越高效，新的职能或者部门的产生必然意味着新的措施与管理的诞生，在相互挟制相互影响的过程中使简单的问题复杂化、多面化，这绝不是好的管理方式。精兵简政、简化流程才能净化企业环境，减少组织内耗。

（2）合作而非限制。在企业各职能的设定中，组织结构往往处于一种相互限制的关系中，在这种限制下，也就无法避免地会产生利益的冲突，进而使利益关联者逐渐发展成为利益集团，造成严重的组织内耗。人才得不到合理的利用，无用的人却占据着重要的职位，不得不说这是企业管理的失败。

（3）有效的人才晋升机制。对于企业而言，人才晋升要处于一个全面的企业管理状态，如果部门或者职能者掌控着人才的流向，那么就很容易导致人才浪费，从企业的高度管理人才，才能真正实现人才的合理利用。

巩固并强化你的“核心优势”

如果将企业比作一个人，那么首要因素就好比一个完整的躯体，使其具备了生存以及行为的能力，而重点内容则可以理解为这个人所具有的特长和优势。管理的首要因素可以维持企业的生存，使其处于正常的企业管理状态中，而重点内容则是发现并强化企业管理的优势特长，使企业在某个方面具有绝对的竞争优势，这样才能有效地维持企业的发展状态。通过“4+2 法则”我们可以知道，这样的优势特长不用太多，有两个就可以了。

我们从四个重点板块分别进行阐述：

1. 人才

对于企业而言，培养人才往往比招纳人才更为重要，当企业具备了培养人才的能力与机制，并能有效地培养人才时，那么留住人才就变得非常简单。人才往往更愿意待在一个适合自己发展的熟悉的环境中，陌生的环境往往使人才的优势得不到合理而有效的发挥，进而阻止了人才的发展。所以，对于企业而言，培养人才就显得非常关键。企业在培养人才的过程中要注意以下几个方面：

（1）挖掘专长。人无完人，要想挖掘一个全能型的人才不仅费时费力而且实现起来也很困难，专长型的人才，在某一方面或者某些方面拥有特殊的才能，通过有效的组合搭配，使得这些才能得到有效的利用，不仅能促进人才的发展，更有利于企业的发展。

（2）放对位置。淮南的橘子生在淮北就会成为枳，人才在不合适的位置同样无法发挥应有的作用。

（3）发展才是硬道理。这是留住人才的关键，如果人才在企业中的发展是漫长的、低效的、不受重视的，那么不仅会影响人才的发展，同样会使人才本身对于在企业中的发展失去兴趣，重视人才是培养人才的开始。

2. 领导力

领导的职能在于发现并抓住机遇，解决企业发展过程中的问题。领导需要一种跳出束缚、以大局为重的眼界与能力，才能指引企业朝着正确的方向发展。一个优秀的管理者，往往要同时具备眼界、能力、冷静等方面的因素，综合考虑全局，才能实现企业的发展。

3. 创新

创新是企业发展的灵魂所在，在市场竞争中，企业没有创新的精神就失去了立足的根本。通过创新引领市场的发展，是一种很好的提高竞争力的方式，越是先进的企业，对于推动行业发展的创新性变革越是孜孜以求。

4. 兼并与合作

在兼并与合作的过程中，成功的企业不能丧失对自身优势的考量，如果兼并与合作的结果会导致自身优势的转移或者减弱，那么，这样的兼并就将意味着限制与阻碍，对企业发展不会产生任何积极的影响。兼并与合作的前提在于对自身核心业务产生促进作用。当然，最好的合作在于开发优势互补的新业务。

对于个人发展而言，找到自身发展的核心与重点，同样是至关重要的。通过不断地强化核心优势，并培养重点内容，提升核心竞争力，最终能够在焦点式的自我发展中，实现自身的长远发展。

Part 7 第七部分

营销的常识

对于企业而言，等待消费者购买产品与引导消费者购买产品之间有着巨大的利润差距，等待就意味着坐以待毙、不劳而获、没有拼搏精神的企业观念，而引导则代表着一种驱动力与自信，这是一种企业实力的表现。

◎ 怎样做好产品的广告

产品如果不做广告，就像姑娘在暗处向中意的男子递送秋波，脉脉含情，但只有自己知道。这一管理常识又叫作“布里特定理”。它指出了广告对于产品传播的重要性。

对于企业而言，产品迅速打进市场并站稳脚跟需要两方面的因素：

1. 产品质量要符合一定的标准

这是产品在市场中体现竞争力的根本要素，质量不好的产品会迅速地被市场淘汰。

2. 产品能够满足消费者的购买欲望

这体现在产品的销售环节中，产品与消费者直接接触，从而使消费者对产品形成某种情感态度，这将很大程度上影响消费者的购买欲望。

这受到了两方面因素的影响：第一，产品所传达出的信息是否能满足消费者的使用需求，也就是指产品的说明是否详尽细致，是否能让消费者可以清楚地在第一时间认识产品的所有功能；第二，消费者对于产品是否具有某种积极的情感态度，这就取决于产品的广告以及包装所传达出的情感信息。比如，迪奥是全球知名的国际品牌，它的忠实消费者在香水柜台前不会徘徊很久，就能够迅速地在琳琅满目的香水中找到自己所需要的产品。迪奥的成功就源于在不同的营销广告中都针对性地满足了消费者的特定情感需求，比如温馨、浪漫、冷艳、高贵等。这使得消费者在发现它时，会有一见钟情的感觉："啊，这就是我想要的，这就是我在找的香水！"然后毫不犹豫地买下它。

先用广告打开市场

在当今社会，产品依靠良好的质量来维持市场的竞争力仍然是不可或缺的手段，但单靠质量来开辟市场或者强化市场却显得有失偏颇。在日益激烈的市场竞争环境下，伴随着科技的发展和技术的提升，产品质量已经可以维持在一个相对稳定的水平。要想在产品质量上有所突破就需要借助于更先进的科学技术，然而科技向生产力的转换是一个持久而漫长的过程。因此，单靠质量来开辟市场可谓是一种高投入低产出的经营模式，这对于企业发展将产生重要的影响。

在二三十年前，企业一致认为"酒香不怕巷子深，"真金不怕火炼，追求质量才是企业发展的关键，在产品种类不算繁多的那个时代，优良的质量的确可以成为产品的一大竞争优势。然而，随着时代的发展与科技的进步，广告对于企业的影响越来越大，依靠广告迅速开辟并强化市场，已经成为企业发展的必要手段。

我们可以看到，可口可乐成功的关键就在于它的广告深入人心，带给消费者一种激情和享受，谁能想到一个由水、碳酸、糖浆组合而成的饮料竟然成了世界第一的品牌。无独有偶，在美国还有两个农民的故事也验证了这一道理。

在美国加州开阔的荒野上有两个农民，他们各自经营着自己的农场，农场作物以玉米为主，每到秋收的季节，他们把辛苦收获的玉米卖给前来收购的商贩，然后经由商贩卖往加州。然而，很多时候他们的玉米卖得并不好，因为运往加州的玉米多得不计其数，所以他们的玉米虽然质量好，但一直不为人知。

一次偶然的机会，其中一个农民到加州买东西，发现放在玻璃瓶子里的肉制品要比摆在外面的熟肉贵一半以上，一个玻璃瓶子怎么能让熟肉的价格增加这么多？后来经过调查农民发现，这是一种叫作麦克的熟食品，在经过包装以及广告宣传后，它的价格就成倍地增加了。

这名农民受到了启发，于是他注册了一个小成本的公司，为自己的公司设计了标志，然后他买了很多的袋子并印上公司的名称和标志。这样他的玉米就有了自己的名字。事后农民仍觉得不够，他找到了加州电视台，要求在电视节目中展示自己玉米的品质。经过这一系列的举措，这个农民的玉米就在加州成了尽人皆知的品牌，人们都知道有一种有名字的玉米，它品质好、价格公道，所以大家争相购买他的玉米。在打开市场之后，农民获得了丰厚的回报。

从这个事例中我们可以看出，农民的玉米开始之所以销售不好，是因为人们并不了解他的产品，这使得他的玉米在竞争激烈的市场上失去了竞争力。结果，通过广告的形式，农民很好地扭转了这种局面，将自己品质好的玉米销售一空。

对于企业而言，产品质量是市场竞争力的保障，然而，再好的产品如果藏在消费者看不到的地方，它就无法实现价值，所以企业要善于运用广告来推广自己的产品。

广而告之，才能推而广之

广告是沟通产品与消费者的桥梁，通过广告的形式，可以传达出产品的基本信息以及产品所蕴含的品牌观念。一个成功的广告，在吸引消费者注意的同时，还能激发起消费者某种情感，进而形成一种消费记忆，潜移默化地对消费者的消费趋向产生引导。

对于企业而言，等待消费者购买产品与引导消费者购买产品之间有着巨大的利润差距，等待就意味着坐以待毙、不劳而获、没有拼搏精神的企业观念，而引导则代表着一种驱动力与自信，这是一种企业实力的表现。

通过广告实现产品的销售目的，具有以下几点好处：

1. 广告能够让消费者充分认识产品

这是广告的基本功能，在产品进行广告宣传的时候，产品的功能、材质、特征都可以清晰地表现给消费者。这样消费者就能很直观地感受到产品的使用价值，并进而产生某种观点，例如我需要，或者我不需要……当然，成功的广告所传达出来的信息往往是消费者无法抗拒的，例如在炎热的夏季，一座冰山在你的头上崩裂化成一瓶瓶的冰镇饮料，此时一身大汗的你能够抗拒吗？

2. 广告具有引导作用

对于产品而言，广告的目的并非只在于介绍产品的功能及特性，更重要的是，广告可以以其独有的情感传递，向消费者传达出产品所具有的情感特性。比如，当你看到奔驰的广告时立马可以产生速度、激情、享受、档次等一系列的情感态度，这样的情感态度会使消费者形成一种记忆，并影响到消费者的消费趋向。当你想要购买一辆高档轿车的时候，首先就会联想到这则广告所传达出的情感，并进而产生对这类汽车的购买欲望。广告在促进人们消费的同时，还可以引导消费者的消费方向，它所具有的引导力往往是产品本身无法实现的。

3. 广告可以最快最有效地构建起需求之间的桥梁

依附于媒介而存在的广告形式，在媒介中的传播速度和传播范围可以达到最理想的状态。消费者在第一时间认识到产品的信息以及产品所传达出的情感态度，进而影响到消费者的购买欲望。同时，需求之间的有效满足也是广告所具有的特性，比如，当一个人急需某种设备或者零件时，他发出了这种需求的广告，而另一个人正在销售这样的设备或者零件，他同样也发出了广告。在这样的广告平台中，双方就很容易达成共识从而形成合作关系，及时有效地满足双方的需求。

4. 广告可以增加产品的价值

对于消费者而言，使用某种产品的同时，可以体验到不同的情感态度或者表达自己的某种个性，这就使得消费者的心理需求得到了巨大的满足，而产品所具有的价值也就在无形中被提高了。举一个简单的例子，当一个男人抽着万宝路的时候，他很可能将自己想象成一个在草原上策马奔腾的牛仔。为什么香奈儿的香水这么贵却仍旧有巨大的市场？就是因为消费者对于产品的感受价值提升了，广告赋予了产品可以体现消费者某种情感或者个性的感受价值。

什么样的广告才是好广告？

要做出好的广告，企业要充分考虑到各方面的因素，综合可利用的一切信息使广告传达出明确、简洁、引人注目的观点，这样才能实现对消费者消费欲望的影响。在制作广告的过程中，企业需要考虑到以下两个方面的内容：

1. 主体是谁，对象是谁

或许你会认为这是个愚蠢的问题，主体不就是产品，对象不就是消费者吗？当然没有这么简单，对于成功的广告而言，广告的主体是以产品为根基的某种展现形式，它所展现的可能是一种产品，也可能是一种使用方式，同时还可能是一种情感态度。

对于某些新型产品而言，使用方式以及情感态度就至关重要，消费者在看到广告之后能够清晰地了解到产品的使用方式，并同时对这种展现形式产生积极的情感态度。另一方面，对于广告的对象也不能笼统地定义为消费者，产品的层次不同，所面对的消费群体也就不同，如果不能很好地根据产品的层次找到合适的消费群体，广告就无法发挥其最佳效果，甚至会产生负面的影响。

比如，你可以看一看宝马车的广告，它所面对的是高端、富有的人群，如果广告并没有明确地针对这样的人群，那么宝马车就很可能因为忽视消费者而失去市场，这是消费心理的市场反应，更应该受到企业的关注。

2. 广告投放的地点以及时机

在一个消费群体相对较多的地点进行广告宣传往往更能发挥出广告的作用，将广告集中投放在消费群体最多的地方，这将对广告的效果产生重要的影响。同时对于新产品而言，选择合适的时机“亮相”往往能产生更强烈的广告效果，这就好比秋季时装在夏天做广告不会起到立竿见影的效果一样。

当然，有句话叫“过犹不及”，如果广告宣传过分夸大，就会使消费者受到反暗示效应的影响，对广告产生不信任或者排斥，这也就使广告丧失了作用。所以，对于企业而言，在制作广告的同时一定要综合各方面的因素，合理把握广告的“度”。

◎ 好品牌是如何形成的

对于劣质产品而言，一个好的产品名可能起不到任何的作用，但对于好产品来说，一个不好的产品名却可以使它滞销。这一原则叫作“拉图尔定律”。

产品的名字其实就是品牌的名字。激烈的现代市场竞争，已经使得品牌成为等同于资本、产品质量以及价格的要素，创建品牌已经成为现代企业生存竞争的战略选择，而一个新颖、简洁、响亮的产品名就成为企业品牌战略的重要组成部分。一个好的产品名可以成为一类产品的形象符号，并逐渐成为受到消费者喜爱的记忆符号，符号所传达出的信息往往包含了产品的质量、等级、品质等要素，比如当我们提到的香奈儿、兰蔻、路易威登等就是代表着高质量、高品质、高价位的奢侈品牌。

品牌亲和力的表现也往往体现在产品名上，一些产品的品牌具有广泛的地域延伸性，例如Carrefour，它在英语中的翻译为十字路口以及各种思想及意见的汇合处，后来一位浪漫的法国人把它作为一个百货零售店的名称，Carrefour体现出了林林总总的商品集散地的意象，这深刻地体现出现代物流的概念，独到而深刻，具有巨大的张力。Carrefour延伸到中国之后取名为家乐福，要知道在中国文化中，家、乐、福一直是联系很紧密的三个字，表现出人们对家的重视和向往，是人们心灵的归宿地，所以家乐福十分贴切地迎合了中国消费者的这种心理，很快成为消费者喜爱的品牌。

品牌就像一个人的名字，虽然对个体的本质无法产生影响，但对于识别和记忆来讲却具有重要的影响，因为不同的名字就具有了不同的意义。一个大众化的名字跟一个新奇有创意同时又能表达某种观点的名字相比，人们的记忆倾向是非常明显的。

比如在某个班级中，有三个人名叫张伟，有一个人叫作张一扬，我们可以看出张伟是一个被广泛应用的大众型的名字，人们对于这个名字的记忆倾向于平凡、俗套、没有艺术气息。而张一扬这个名字充分体现出了年轻人应有的活力，代表着青春、张扬、魅力以及吸引力。如果名叫张一扬的同学又能够同时具备着活力与青春的魅力，那么这个名字一定会给同学们和老师们以深刻的印象。

索尼的前身为东京通信工业株式公社，在20世纪50年代，东京通信工业株式公社就以其产品的影响力受到人们的广泛关注，然而就在品牌刚刚打入市场不久，盛田昭夫就决定为公司换一个简洁的名字。后来东京通信工业株式公社改名为索尼，公司内部管理阶层对于盛田昭夫的举措感到非常不理解，盛田昭夫的回答也非常简练，他告诉管理阶层，原有的名字在国外的译音太过拗口，这不利于品牌的跨国际延伸，使品牌很难在国际市场中争得有利地位。

最闪亮的符号——取一个好名字

品牌战略是企业通过产品的品牌效应对市场进行开发、扩展的战略手段，在品牌战略的过程中，产品会受到消费者各层次的审核，产品质量、价格等级等方面的因素都会成为品牌战略成败的关键。当然，这也是品牌战略中企业必须要达到的效果。

最为关键的是，要使消费者对于品牌的记忆停留在某个由品牌效应所引发的产品范围之内，这样消费者在听到这个品牌之后，就会立刻联系到某种产品或者某种精神表达，或者在看到某种产品、体会到某种情感的时候会立刻联想到这个品牌，这样才能使品牌深入人心。

企业取名或者给自己的产品取名具有三方面的意义：

第一，标志符号。

标志符号是企业身份的象征，是在市场竞争中与其他的企业或者产品进行区分的有效手段，这是一种个性与内涵的体现。标志符号要具备简洁、响亮、感染力、影响力等各方面的因素，这样才能从根本上与其他的产品进行区分。当然，产品名称区分的往往不只有产品类型而已，它通常还包含了质量、等级、服务等各方面，这就好比迪奥与六神的差别，这样的对比往往不只体现在产品特征上的区别，还区别于品质、等级销售层次等。

第二，传播效果。

产品的品名在区分同类产品的过程中，还对产品的传播起到了重要的作用，一个响亮、简洁、引发消费者美好联想的产品名，往往具有更好的传播效果。这就好比中国的娃哈哈，通过那首儿歌《我们的祖国是花园》，娃哈哈迅速地传遍了整个神州大地，成为青少年儿童最喜爱的品牌之一。

第三，市场效果。

正如上面所言，人们对于产品品名的认识，往往会产生不同的购买欲望，这也就使得产品的品名在区分同类产品的过程中，也将市场区分开来。好的品名往往意味着更大更宽广的消费市场，它所能引发的消费欲望往往要超过同类产品。所以对于一个企业或者一类产品而言，好的品名就意味着好的市场以及销售前景，它所引发的品牌战略，可以使企业或者产品在市场竞争中争得一席之地，甚至长盛不衰，例如被人们所熟知的可口可乐，它的品牌市值已经超过千亿美元。

位于加勒比海上的豪格岛在改名为天堂之岛以前一直默默无闻，玫瑰如果取其他的名字就不一定这样受到人们的喜爱，这也就是香水的品名会成为香水销售中最具挑战性环节的原因所在。不要试图以“阿格斯里”这样的名字来挑战“香奈儿”的底线，否则你会输得很惨。

产品的品名在市场竞争中要想立于不败之地，为企业发展提供持久的活力和能量，就要具备以下几个特点：

1. 产品的名称要具备吸引力

这是品牌战略能否顺利施行的关键所在，产品名称对于消费者的影响关键在于引导消费者对于这类产品的记忆，并进而成为一种消费习惯，为品牌战略的施行奠定基础。这就好比路易威登背后的消费群体在面临同类型产品时会不假思索地选择路易威登一样，这样的产品品名才能在市场竞争中吸引消费者的眼球并引领消费方向。

2. 产品名要具备发展性

在产品名称的甄选中，不要试图从过去的产品名中挖掘对现在或者未来有用的信息，产品以其时代性受到时局因素的重要影响。过去的产品种类少而且竞争不激烈，产品名称对于产品市场起不到关键性的作用。所以，产品名称要充分考虑到时代发展的因素，力求在尽可能长的时间内保持活力与吸引力，这也就要求产品名称要充分考虑到地域、历史、文化背景等诸多因素，使品牌在世界范围内的推广不受阻碍。

3. 产品名要不受地域限制

产品名是产品传播的有效途径，一个响亮、简洁、富有创意的产品名往往更能引发消费者的记忆，并进而引导消费趋向，形成一种消费习惯。而品牌在世界范围内的推广，则要避免产品名受到地域性的限制。

过硬的质量是好品牌的基础

在激烈的市场竞争中，产品名的确为品牌战略的推广，开辟了一条迅速而有效的市场途径，使得产品迅速开拓并占领市场成为一种可能。然而，实行品牌战略的先决条件在于产品的质量是否已经达到了市场的要求。在激烈的市场竞争中，产品质量以及功能成为消费者购买产品的先决条件，尤其对于实用性强的产品而言，产品质量更关乎企业生存的命脉。

例如，在电子产品行列中，人们之所以对索尼、LG、苹果等品牌的认同感如此强烈，不单单在于他们的品牌名称朗朗上口，最为关键的是产品质量满足了产品名称所传达的高质量、高标准、高体验的要求。

比如 LG，众所周知即 Life's good，它所传达的是一种让生活更美好的信念，而这种信念所体现的产品质量就要超出 LG 本身所表达的含义。如果产品质量不能满足消费者的需求，家用电器总是出现故障，那么 LG 所表达的让生活更美好的信念就会成为消费者无法实现的生活体验，那么其品牌本身就会引起消费者的抵触甚至遭到淘汰。

对于品牌战略而言，开拓市场的前提是要维护市场，而最重要的维护市场的手段，就是要凭借高、精、尖的产品质量来满足消费者的需求。这就好比口碑式的宣传往往要比广告宣传更具力度，人们往往更相信周围人的使用体验，而非广告中过分夸大的产品体验，而口碑式的宣传所依赖的就是产品的质量，只有满足了消费者对于质量的追求并同时伴以简洁、响亮的产品名，这样的产品才能真正地渗入到消费群体中去，成为消费者信得过的品牌。

◎ 如何建立你的服务价值链

在一条完整的服务价值链上，服务产生的价值通过企业的员工在提供服务的过程中体现出来，要想使员工服务好消费者，首先就要使员工感到满意。没有员工的满意就没有消费者的满意，这一营销常识又被称为“弗里施法则”。

对于消费者而言，一次产品的体验过程，会使消费者对产品产生附加价值的体验，这排除了产品质量对消费者的吸引，更大程度上来源于销售人员所提供的服务，这种服务所赋予产品的附加价值，往往决定了消费者最终的判断。

顾客对产品的第一印象来自你的员工

一次愉快的产品体验，会给消费者带来精神上的满足，激发其购买欲望并实现产品的销售，而在这一过程中，发挥重要作用的则是员工的服务。对于企业而言，将服务消费者作为企业发展的口号，并由此而翻新服务内容和方式，往往并不能发挥出理想的效果，是什么原因导致了这种情况？

在英国有一家名叫哈罗兹的百货公司，它是全英国最有名的百货公司，这里的产品质量与同类型百货公司中的产品并无差异，然而价格往往高出一倍还多。但是，你总能看到百货公司中，挤满了前来购物的高层次消费者，为什么人们愿意在哈罗兹购买一件价格高出一倍多的产品，也不愿意去别的百货公司？原因很简单，那就是哈罗兹百货公司提供了优质的服务，让消费者无法拒绝它的产品。

我们来看一件衬衫的销售过程，当一位年轻的企业家进入百货公司时，他首先看到的是一个个带着笑容的亲切而和蔼的服务人员。如果你提着沉重的箱包，会有员工主动地将你的箱包放到合适的位置，在这个过程中，服务人员不会向你推销任何产品。如果你需要一件衬衫，那么服务人员将带领你来到衬衫衣柜前然后离开，并向你致以最亲切的微笑。当你表达了自己买衬衫的意图之后，负责销售衬衫的员工会主动询问你喜欢的款式、质地、颜色等，并根据你的喜好和用途做出推荐，来满足你在不同场合的需求。

在这个过程中，你不会感到一丝的冷漠，即使你最终没有买衬衫，销售人员也会热情地将你送出销售区域，指引你去下一个想去的地方。如果，你买了衬衫发现自己并不喜欢，没关系，你随时可以将衬衫退回去，而这里的员工不会对你的行为产生任何异议，他们同样会像对待新客户一样热情地招待你。

这就是服务的影响力，好的服务不仅使消费者感到愉快，更增加了产品的体验效果，使得产品无形中增加了价值，消费者往往愿意用更多的钱买一次愉悦的消费体验，哈罗兹就是这样做到的。那么为什么哈罗兹百货公司中的员工能够提供如此优质的服务？原因很简单，因为他们的员工也受到了最好的服务。

在哈罗兹百货公司，上司的职责就是为员工服务，当员工被某种问题困扰并没有及时地解决时，那么他的上司很快就会受到严厉的处罚甚至遭到开除。上司必须无条件地服务于员工，为员工的日常工作提供保障，并努力创造一个愉快温馨的工作环境，在这样的管理中，哈罗兹的员工是愉快的、满意的，并且员工们把这种体验如实地传达给了消费者，使消费者同样感受到了优质的服务，对哈罗兹留下了深刻的印象。

多从员工的角度考虑问题，才能获得顾客的第一手信息

员工在企业中的工作过程，不能单纯地被管理者认定为工作行为，它是员工自我体现的过程，是员工实现自我发展并成就自我的过程，只有基于这样的理念，管理者才能充分意识到员工对企业发展所产生的价值。企业行为要从员工角度出发，多从员工的角度考虑问题，这样才能更容易收到来自消费者的满意回复。在管理员工的过程中，企业管理者要注意以下两个方面：

1. 聆听

聆听是一种接受并认同员工存在价值的态度，一个不善于聆听员工心声的企业，会丧失员工的基础，使员工丧失热情进而影响企业的发展。

在企业管理的过程中，管理者与员工之间合作关系的体现，就在于信息的传达与反馈。聆听员工的心声，可以使员工充分意识到企业对员工的认同和肯定，进而使员工对自身的价值做出正确的判断，这样才能有效地维持并强化合作关系，促进企业的发展。

在聆听的过程中，管理者可以发现员工在企业工作过程中所面临的问题，一方面可能来源于员工本身，但更多时候员工的问题来自于企业：管理不善、制度不严、信息传达失误等都可能导致员工的工作出现问题。通过聆听发现问题的所在，处理问题就变得简单而有效。同时，作为企业工作的直接参与者，员工往往在某些问题上更具有发言权，他们往往能直接有效地发现问题的所在，将问题呈现给管理者。

当然，有效的聆听不只在于听，还包括一个信息反馈的过程。听到之后做出有效的反应，合理地解决员工所面临的问题，这样才能发挥聆听的意义。信息反馈同样是对员工行为的肯定，当员工为企业提出意见建议之后，却没有得到企业的认同或者管理者的重视，这就很容易影响到其工作热情，并使其对自身价值做出消极的判断，产生消极的影响。所以，作为管理者合理有

效地对聆听的内容做出正确的反馈，才能维护员工的工作热情。即使员工所提出的建议偏离了事实的基础，至少员工是在积极地为企业发展寻求突破，这种积极性是不能忽视更不能打击的。

2. 平等意识

当一个员工进入新的工作环境，很容易被等级制度束缚，进而丧失了平等的观念，使得其潜意识中产生不平等的观念，进而影响到员工的工作积极性。

对于企业而言，每一个员工都有其存在的价值，都将对企业的发展产生积极的作用，所以，要想使员工的价值得到最大限度的发挥，就要有效地消除等级观念。在一个平等的环境中，员工的创造力是超乎想象的。

在这一点上，沃尔玛公司就做得很好，沃尔玛的员工没有职称只有姓名，包括最高级别的总裁，员工们见面之后直呼其名，这种管理方式很好地消除了员工潜意识中的不平等观念，不但激发了员工的工作热情，同时还有效地唤醒了员工的主人翁意识。当员工开始为自己的企业工作时，他所发挥出的创造力将会是超乎想象的。

培养员工的主人翁意识

对于企业发展而言，员工的角色发挥着重要的作用，失去员工的支持，企业将无法实现发展，而忽视了员工的价值则会使企业发展受到限制，要想实现快速的发展就要将企业与员工有效地融为一体，使员工成为企业的主人。这也就是我们通常所说的主人翁精神。要培养这种主人翁的精神，管理者需要在以下几个方面做出努力：

1. 关注和塑造存在感

员工在企业中存在感的获取，是员工最基本的心理需求，然而，在现实的企业管理中，这种需求往往被管理者忽视。很多企业管理者与员工之间交流很少甚至没有交流，这就使得员工无法有效地使自身与企业发展产生联系，进而也就无法积极地参与到企业工作中去。

在沃尔玛公司的历史上，曾经有一次一名人事经理收到了让人意外的辞退通知。总裁在视察商场的时候，顺口问了当时的人事经理某个员工的名字，然而他没有回答上来，于是，第二天他就收到了来自集团高层的辞退通知。沃尔玛向我们讲述了员工存在的价值，上司是为员工服务而存在的，当你忽视了员工的存在，那么员工就很可能忽视了企业的存在。

2. 肯定和塑造主人翁意识

员工的行为受到管理者或者企业的肯定，就很容易使员工将自我实现与企业发展有机地融为一体，成为企业的主人，使员工处于最佳的工作状态，它可以使员工有效、合理地调和自我实现与企业发展之间的矛盾。

将自我实现融合到企业发展的进程中去，在促进企业发展的同时实现自我的发展，从而建立一种有效的促进模式，充分激发员工的工作热情。

3. 奖励和塑造成就感

成就感是员工在企业发展中不可或缺的动力，它是员工在企业生活中自我实现与管理者价值判定的体现，并进而成为一种积极的自我约束与自我鞭策。当然奖励的过程要符合员工自身的需求，并非物质奖励就一定会产生良好的效果，精神满足往往是员工更深层次的需求。

在奖励的过程中管理者需要注意以下几个方面的问题：

（1）奖励要公平公正，失去公平公正的奖励会使员工对奖励产生排斥感，进而使奖励的措施失去积极的作用。

（2）奖励要有效，根据不同的员工需求确定不同的奖励方式，物质与精神奖励并举往往能发挥更大的效果。

（3）将奖励变为一种常态。奖励的内容是多层次的，当员工处于积极的工作状态时，管理者报以肯定的微笑，这同样也是一种奖励。在企业发展的过程中，管理者不要吝啬自己可创造的奖励，要在不同的方面对员工的积极行为做出肯定，进而推动积极行为的发展，营造积极向上的企业氛围。

作为企业的管理者，你所要做的工作往往不在于如何管理员工，从管理的角度出发去面对员工，往往不能实现管理的最佳效果。接受并认同员工的存在价值，关心员工的成长并做出积极的引导，使员工在企业发展中体现出自身价值，这才是管理的真正含义。

Part 8　第八部分

成长与发展的常识

在当今的社会环境下，角逐与竞争是推动社会不断向前发展的动力，然而“零和游戏原理”同时也向我们提出了警示：并非所有的竞争与角逐都是有意义的，企业间的竞争、获利者与失利者之间的角色转化等都在告诫我们——只有合作才是社会发展最根本的动力。

◎ 让竞争产生双赢

1+（-1）=0，这是一个计算式，看上去这只是一个简单的数学运算，但是如果你将其放到日常生活中就会发现，这是一个几乎覆盖了我们生活所有方面的平衡原理，即人的“零和游戏原理”。

持这种观点的人认为，从整体的社会发展和资源的分配来看，人类处于一个相对平稳的状态，我们的研究发现，如果将全世界的财富公平地分配给每一个人，正好可以满足人们的日常需求，也就是说，全世界的贫穷和富贵处于一个平稳的状态中。

在企业管理中，如果你进行认真研究的话，就会发现，优秀员工与普通员工创造的企业利润总是维持在一个相对平稳的水平，这也就是说，优秀员工创造的附加价值，正好抵消掉了普通员工给企业带来的损失。

避免进入到零和游戏的误区

在对弈的游戏中，一次的对局总会有输有赢，对于两个棋逢对手的选手来说，取得一局的胜利并不容易。然而，如果将两个人的对局无限地放大，你会发现，输赢总是维持在“0”的状态，这种放大的程度越大，最终的结果就越接近“0”。

由此，我们可以得到启发，对弈的结局是无意义的，有意义的是在对弈的过程中双方的技术素养得到了体现，各自的需求得到了满足，这是一种双赢的理念。从这个角度考虑“胜败乃兵家常事”，或许你会受到新的启发。

吉米与科瑞是两家渔具生产企业的管理者，在以往的商业竞争中，两家企业总是处于竞争的状态。对于有着相同产品，市场又局限于同一个地区的企业来说，竞争是无法避免的。两个人各自施展自己不同的商业手段，在不断完善自己的同时，也不忘给对方的企业施加压力，甚至他们都曾采取过不正当的竞争手段，来扩大自己的企业在渔具市场上的影响力。

有一次，吉米的企业在这种不正当的竞争中陷入了困境，科瑞对此感到非常满意，因为这完全是他自己一手设计的。然而，事与愿违，在这次危机中，吉米凭借各方面的支持与帮助，最终渡过了难关。当吉米以同样的方式来回击科瑞的企业后，科瑞的企业也遭受了巨大的损失，当然，他最终也度过了危机。

两人之间的关系真正发生变化，是在一场企业发展峰会结束之后。吉米与科瑞准备冷静地坐下来好好谈谈，因为在这次峰会中，一家位于阿拉斯加州小镇上的渔具生产企业，在没有竞争对手干扰的情况下，创造的利益同吉米与科瑞的企业近几年收益的平均值惊人地相似。对此，两个人进行了反思，因为吉米与科瑞的企业规模绝非阿拉斯加州小镇上的那家企业可以相比。

在经过了详细的分析之后，吉米与科瑞发现，企业在竞争或者不正当竞争中遭受的损失，是企业利润低下的关键所在。与其在竞争中各自都受到不同程度的伤害，还不如互不干扰、各自发展，保持企业的利润。于是，两家企业摒弃前嫌，各自致力于自己企业的提升，而不再采取不正当的竞争手段。

在两家企业和平发展的过程中，吉米与科瑞发现了一种更好的方式来增加双方企业的利益，那就是合作。两家企业通过取长补短的合作方式，实现了迅速发展，最终，两家企业都发展成为阿拉斯加州最大的渔具生产企业。

开展合作式的竞争

“零和游戏原理”在企业中的体现即为一种消耗的原理，竞争的方式不但消耗了企业的资本，同时也消耗了企业发展的时间，对于竞争双方都产生了不良的影响。要破除零和的影响，实现企业的盈利，企业首先要转变竞争的观念，竞争要以实现自身企业利益为目标，同时要维护竞争对手的利益，这样才能实现长久的发展，这也就是我们所说的合作。通过合作实现企业间竞争的最终目的，不但增强了企业的竞争力，同时也破除了“零和游戏原理”的影响，实现了共赢。

合作的前提即为“各取所需”，要想实现合作，企业首先要扩大自身的优势，这样才能满足合作双方取长补短共同发展的需求。合作已经成为企业发展所必需的竞争方式，往往能够给企业创造更广阔的发展空间，提高合作双方的竞争力。合作具有以下几点好处：

1. 利益共同化

利益共同化是企业间合作的基础，没有共同的利益就没有长久的合作。合作的双方在达成合作意向之后，双方的目标达成一致，这样不仅增加了实现目标的原动力，有利于迅速地占领市场，同时利益的共同化，使得双方之间的合作关系得到稳固与发展，促使双方增强合作关系，进一步扩大企业的收益。

2. 降低市场的风险

在企业开辟或者占领市场的时候，往往伴随着巨大的风险，这种风险不但来自于资本的缺乏，还伴随着企业自身与市场环境不可调和的矛盾。合作的方式不但使占领市场的资本得到保证，同时取长补短的合作方式也减少了企业与市场之间矛盾的发生。

例如，生产商与销售商之间的合作，在占领市场后，生产商与市场环境中的销售环节有着不可调和的矛盾，因为生产商绝大部分的资金已经投入到生产环节，对市场的掌握远没有销售商全面。而这种合作方式恰恰解决了这种矛盾，销售商以其多年的经验和市场的掌控能力有效地实现了销售环节的正常化，同时销售商也克服了自身后备资源不足的缺陷。

3. 迅速实现市场占有

对于企业而言，市场永远是企业发展的最大舞台，失去了市场，企业就失去了存在的价值，占领市场才能维持企业的发展。通过合作的方式迅速地开辟或者占领市场，可以很好地避免自身企业与市场环境不相适应的环节，调和企业与市场之间的矛盾。

在当今的社会环境下，角逐与竞争是推动社会不断向前发展的动力，然而“零和游戏原理”同时也向我们提出了警示：并非所有的竞争与角逐都是有意义的，企业间的竞争、获利者与失利者之间的角色转化等都在告诫我们——只有合作才是社会发展最根本的动力。

◎ 规模太大并不一定是好事

在企业的发展中，如果管理者遇到了不认识或叫不出名字的员工，那么你的企业就做得太“大”了一点儿，在这方面就需要做出改进。这一管理常识又被称作“艾奇布恩定理”。

这一定理指出，企业越大就越容易遇到管理瓶颈，企业不能单纯地为做大而做大，要谨慎细致地做好每一步工作，如组织、培养、选拔、协调等，只有管理健全才能使企业越做越强。在现实的企业生活中，大企业往往会面临管理瓶颈，上下级之间沟通不善，甚至管理者对绝大部分员工感到陌生，这无疑拉大了企业与员工之间的距离，使员工与企业产生距离感，这样员工就很难真切地融入企业生活中来，这种为做大而做大的企业发展模式，进而也导致了员工“为工作而工作”的工作状态。

对于企业而言，这无疑使员工与企业之间失去了最起码的尊重与信任，工作与使命之间就不能很好地衔接，企业发展也就停留在一个无法受到员工信赖的阶段。对于小企业而言，因为它规模不大、人员不多，上下级之间的沟通相对较通畅，这使得企业的管理更容易渗透到员工生活的方方面面，更能有效实现对员工心理和行为的纠正或者指引。

同时，这样所建立起来的员工与企业之间的关系，往往会更加牢固，因为每一个员工都可以在短时间内与企业管理者进行交流，很多出众或者智慧的想法会在第一时间传达到管理者的耳中，不但有利于统筹管理，更使企业自身发展得到了最好的体现。对于员工而言，这同时也具有巨大的吸引力，他的每一次贡献、每一次提议都会受到管理者的高度重视，更有利于成就自身的梦想。

企业做大与做强之间没有必然的联系，做大的企业不一定具备做强的潜力，而做强的企业也不一定具备做大的基础。在管理企业方面，企业管理者通常强调将企业做大做强，这当然没有听上去那么简单，企业做大做强是一个艰辛而持久的过程，在这个过程中要兼顾制度的发展、人员的发展、管理的发展以及企业文化的发展，在这四者之间的联系不断深化增强的过程中将企业逐渐变强，“一口吃成个胖子”至少在企业管理方面是行不通的，这往往预示着巨大的危机与问题即将发生。

避免“一味做大”

如果企业试图为做大而做大，之后再解决可能出现的问题，这很容易导致企业在发展过程中陷入危机，使企业步履艰难，主要会出现以下几个方面的问题：

1. 管理遇到瓶颈

随着客户需求多样化以及人力与原材料成本的上升，加之全球范围内的市场竞争日趋激烈，企业在做大的过程中容易受到短板的影响。当新的领域或者新的产业成为企业发展的短板之后，那么企业整体的实力就会受到限制。这不但影响了新领域或者新产业的发展，同时还会动摇母产业在市场中的竞争力。这样的事例非常多见，很多企业在盲目地扩大产业或者企业规模之后，反而掉进了发展的瓶颈，停滞不前直到爆发危机，如遇到资金链断裂等严重问题。

2. 盲目扩大导致产销不平衡

当市场需求并没有达到一定程度，或者市场需求巨大而客户资源有限且营销通路狭窄时，盲目地扩大规模或者发展新领域副业，往往会使产品的生产与销售不平衡，导致供大于求，对企业发展产生巨大的负面影响。

3. 在人员管理方面，往往会导致管理不善的问题

对于中小企业而言，盲目做大会导致管理制度不适合新环境以及新员工的需求。这就很容易导致管理制度的危机，使员工与企业发展的方向出现矛盾，并无法得到合理的解决，进而导致企业陷入严重的用人危机。

综合各方面考虑，企业做大的前提是要能满足各方面条件，如资本、管理、人才任用、市场产销平衡与开拓等。当条件充分满足了做大的要求时，才能试图将企业做大，也就是说做大的前提是要有做大的实力，而做大的实力则来自于做强。所以，企业管理要先做强后做大，这样才能充分地考虑到各方面的因素，并总结经验教训，为企业做大提供原始积累。

具有“打工皇帝”之称的微软中国区总裁唐骏一直受到媒体的关注，他以终身荣誉总裁的职位退休并转战盛大，盛大数亿元的股票期权以及数十万的日薪都成为人们津津乐道的话题。唐骏的成功来自于他能够细心地照顾每一个员工，在微软的七年间，唐骏能够记住上下 1000 多个员工的名字，这无

疑缩小了与员工之间的距离，使得唐骏与员工们团结一致并迅速地实现企业的目标。至今，唐骏仍然会跟以前微软的同事一起吃饭、喝茶或者聊天，这是职业经理人素质的体现。

从唐骏的成功我们可以看出，在企业发展中最为关键的是人才的管理与运用，要使人才各司其职的同时，相互间又不会因为隔阂或者距离而感到疏远或者冷淡。企业是一个整体，要想做强做大，要考虑到以下几个方面：

1. 企业不能为了做大而做大

综合各方面的因素考虑，企业的目标应该是在做强的基础上，在满足了各方面的要求之后逐渐地扩大企业的规模，或者向新领域扩展。这样才能使企业发展更稳健和长久，盲目做大必然会导致灾难性的后果。

2. 仔细分析做大后的管理难题，并做好应对策略

企业做大将导致新部门、新职位以及新员工的出现，在不同职位部门以及员工的分析中，要分别地对整体以及局部的企业环境做出有益的调整。拓展新领域或者扩大企业规模必然会产生与母产业不相适应的部分，要充分认识这些问题的严重性，并且尽早地做好准备。

3. 谨慎行事，放慢发展

“心急吃不了热豆腐”，对于企业管理而言更是如此，追求速度不一定能带来效率。对于一个早熟儿童而言，虽然他具备了成人的体征，但实际心理年龄仍处于未成年人的范围，这无疑会导致心理无法适应外部环境，从而产生一系列的情绪反应。

对于企业管理而言这个道理也是适用的，一个弱小的母体如果急于求成飞速发展的话，即使看上去像是做大了的样子，但内部问题一定会危及母体的发展，使整个企业的发展受到严重的限制。放慢发展才能在企业发展的过程中，总结管理的经验和教训，并在这些经验和教训的指引下，以企业现实为根基，统筹各方面的因素，对企业指明正确的发展方向。

◎ 关注企业的短板

木桶是由一块块的木板共同构成的，木桶的主体价值（储水量的多少），取决于组成木桶的木板的长度以及各木板之间的紧密程度。最短的木板决定木桶的储水量，而木板之间的紧密程度则决定木桶的实用性。这就是“木桶定律”，也是一条管理常识叫作“短板理论”。

我们把这个定律运用在团队建设和管理上，就会发现它具有无比重要的意义，一个组织往往是由参差不齐的不同部分组成的，而劣势部分的水平往往可以决定整个团队的水平。当然如果各个组成部分之间不能产生紧密的协作关系，那么团队本身就会陷入“生存危机”，生存就会受到威胁。

将“木桶定律”应用到团队管理中，我们可以反思很多问题。比如，盲目地发展优势而忽视对劣势部分的关注，无法从根本上提升团队整体的竞争力；当团队出现问题遭受损失的时候，往往是由于某个部门或某几个部门的“木板高度”较低，需要受到团队的重视；当团队整体所需要的“储水量”是特定的时，盲目地提高各部分的“木板高度”是没有意义的。

及时堵住“溢出的水”

短板其实就是企业存在的漏洞，必然会使企业的资源流失，给企业造成浪费或损失，必须要引起企业的关注和重视。

组成企业整体的“木板”指的就是企业资源，包括生产、市场、管理、研发资源等。不同的企业有着不同的规模，短板也不尽相同，积极寻找到企业管理中的漏洞，解决大的企业问题，这是企业实现长远发展的必然选择。为了扩大企业规模，必然要合理配置企业的资源以达到最佳的效果，但企业资源不会平均分配到各个部门当中，这是企业生存下去最基本的原则。当然，将“木桶定律”应用到一个企业的不同部门、不同职能上也具有同样的意义。

比如在人力资源管理问题上，我们可以把管理绩效当作“木桶”，规划、工作分析、员工的管理、培训、发展、薪酬待遇，以及职位设计，同时还包括企业文化管理等方面则是“木板”。

所以，对于企业来说，不仅要从整体的企业资源上寻找到企业的短板，还要在企业的局部管理上寻找短板，然后，加高它！提升它！

在提升短板的过程中，企业需要关注这样几个问题：

1. 薄弱环节是无法完全消除的

薄弱是相对于其他部分或部门来说的，这本身就与企业资源的合理配置相吻合。任何薄弱都只是相对的，若发现了薄弱部分之后盲目地提升，或丧失了资源合理配置的理性，这种做法将是得不偿失的。薄弱是被允许的，关键要掌握薄弱的程度，既不能浪费企业资源又不能威胁企业发展。

2. 要有足够的整体高度

整体高度代表的就是企业实力，当企业实力达到相当的高度之后，它才能具备某种能力和特质。在寻找短板之前，企业首先要意识到自己的整体高度是否“足够高”。如果在企业发展的初期阶段，企业的优势部门或职能还未得到普遍的认同和提高，这个时候盲目地投身于对“短板”的提升上，是本末倒置的做法。

3. 提升短板高度要讲方法

找到了短板并非意味着就能提升短板的高度。对于企业来说，一个团队中的员工，一个组织中的部门，甚至是处在整体竞争环境中的企业，找到它存在的短板其实并不困难，困难在于如何提升短板的高度。首先，提升短板高度要本着资源合理配置的原则，不能因为短板而忽视了对优势项目、优势资源、优势人才的关注，否则只会产生更大的企业问题。其次，提升要分轻重缓急。比如，对于能力薄弱的员工，大可以给他较长的时间提升自我能力，或者组织其参加培训、对其进行教育等，但如果是在重大组织问题上，企业就不得不强势介入和强势管理了。

总之，提升短板高度，其最终意义在于提升企业的总体实力，这是管理的最终目标。这也就意味着，在条件和资源允许、市场前景广阔的前提下，适当地提高所有木板的高度，并着重提升短板的高度，是一个企业获得长足发展的良策。在这方面美国的通用电气、惠普等公司就做得很好，通用电气公司每年花在员工培训上的经费就高达五亿美元，而惠普单就教育内容的研究每年就支出几百万美元的经费。不得不说，这些花销都是必要的而且是极具意义的，当企业中所有员工的素质都得到提升并向更高方向发展的时候，企业在人力资源上就具备了不断壮大的基础。

从另一个层面上讲，对“短板”的关注也是一种对于企业氛围的塑造。企业关注和奖励“明星员工”这无可厚非，但如果由此忽视了一般员工，必然会引发员工内部以及员工与企业之间的矛盾，企业文化就会受到冲击。而且作为企业管理者，也应该意识到，在员工眼中企业文化的贯彻程度，主要体现在企业对待一般员工和问题员工上。

对短板不要盲目进行修复

从更深层次理解“木桶定律”，我们可以发现，对于一个即成的木桶或者有着特定功能、用途的木桶来说，它的储水量是特定的，只要短板的高度能够保证这个储水量，木桶就不存在使用问题。

从企业方面讲，这种观念具有两方面的意义：

1. 资源合理配置是企业存在与发展的根本

将有效的资源放在合理的位置，将优势资源放在优势部门，这是任何企业生存的根本法则。我们在企业发展道路中寻求新方法以便找到更好的发展道路，但如果因为对短板的关注而忽视了优势资源和优势部门，这无疑等于走回头路，浪费了时间也浪费了财力。

2. 讲求实力，同样讲求创造力

衡量企业的实力已经不在于它有多少资本、多少优秀员工、多少业务资源……这些只是企业实力中的一方面，而无法成为企业实力的全部。一个企业的实力是综合性的，是各部门紧密协作的结果，而非某个部门有多突出。当企业实力是到达一定程度之后，企业发展很容易遭遇瓶颈，这个时候我们需要吸收一些新思想、新观念、新知识，以提升企业整体的创造力。此时，企业就需要将达不到要求的思想、观念、人员以及特质排除到企业之外。

所以，对于短板我们应该有辩证的认识，在企业管理与发展上的“短板”，我们不仅要时时关注、处处小心，还要及时地修补短板，提升企业实力。

总而言之，管理或者发展企业的前提，就是要对企业整体有一个合理而务实的认识，根据不同的要求做出不同的改变，才能真正地管理好企业，发展好企业。管理中的“短板常识”不仅是一个企业的缩影，同时也是一个管理者、一个人的缩影，我们需要从中汲取适合我们成长和发展的精华。

◎ 增强企业自我恢复的能力

这一管理原则又被称为“复壮效应”，原来是指动植物自身提高各项能力的效应，应用到管理学中，则是指企业强大的“自我恢复能力”能够使自身获得更强的竞争力。

应用在农业中，“复壮效应”可以通过恢复品种的原有优良特性，来提高植物种子或者动物的活力。华南虎的发展就是一个明显的例子。

以前（新中国成立初期）由于管理不善，中国国内的华南虎遭到严重的捕杀，导致其数量急剧下降，成为濒危物种。国家通过建立自然保护区和将野外华南虎带进动物园进行人工饲养等方法，来改善华南虎的生存环境并提高其成活率。然而，通过长时间的研究，人们发现，人工饲养下的华南虎逐渐地丧失了野性，甚至连基本的攻击行为都已经逐渐丧失。

在动物园中有两只华南虎兄弟，其中一只只有在饥饿的情况下才会捕杀活鸡，而另一只则更为严重，即使再饿，它也从来不吃活的动物。人工饲养严重扼杀了华南虎的天性，不仅如此，华南虎繁衍后代的行为也受到了严重的影响，母虎不会主动给幼崽哺乳，这一点使得华南虎的野性逐渐地丧失殆尽。通过放虎归山的措施，华南虎重新回到了大自然中，为了生存它们必须学会捕杀动物，并且极力地保护幼崽，这样反而使得华南虎逐渐恢复了野性。

华南虎的例子是一种本性与外部环境抗争的结果，当人为地改变外部环境之后，华南虎的本性同样受到了影响，恢复本性之后的华南虎反而成活率更高，繁殖行为更明显，这不禁让我们联想到企业的管理。在企业管理中，企业环境就好比是企业为员工生存创造的人为环境，在支持并配合员工工作的同时，这种环境就如同动物园一样，大大地限制了员工创造力的发展。

员工行为在企业发展的过程中，失误或者失败是在所难免的，企业要正确地认识这种行为。失败不仅可以让员工总结出正确的经验，增强员工的能力，更重要的在于，这种经历可以唤醒员工心中“本能的野性行为”，使员工自身积极地面对并解决问题。当然，从企业自身出发，通过企业行为认识到企业或者组织团队中的“优秀基因”，通过不断地进行“纯种分离”以及“生产性状测定”使得最好的性状在群体中发展，这种企业自身的修复行为对企业发展产生着重要的影响。

减少干预，促进员工的自我修复

在企业行为中，员工的工作过程受到企业干预的非常多，一方面，企业指引员工如何完成工作，并帮助其解决生产工作中的某些问题；另一方面，这种干预往往使员工丧失了自主工作的能力，阻碍了员工创造力的发展，对于企业发展而言这无疑是一种巨大的损失。

有一个年迈的渔夫，他的捕鱼技术相当高超，在当地享有盛名，然而渔夫对此非但没有感到高兴反而忧心忡忡。因为渔夫年迈，已经无法从事出海捕鱼的工作，自己高超的捕鱼技术却没有得到传承，渔夫为此感到非常焦虑。渔夫有一个年轻的儿子，在过去的几年间，渔夫几乎将他所有的捕鱼技术以及经验都传授给了儿子，然而，儿子每次出海都只能捕到很少的鱼，与渔夫的要求相距甚远。所以，每次儿子捕鱼回来，渔夫都会仔细地询问他捕鱼的位置、时间以及所用的方式，并不断地纠正儿子在捕鱼过程中出现的问题。随着时间的流逝，儿子的捕鱼技术逐渐开始好转，但仍与渔夫的要求有很大的距离，如果能准确地运用渔夫所要求的捕鱼技术，捕鱼量远非如此而已。

在渔夫生命的最后几年中，他对儿子的要求越来越严格，从出海到返航的每个细节几乎都在渔夫的掌控之内，渔夫要求儿子所有的事情都要按照他的要求去做，不能有一丝的差错。最终，在渔夫去世前的几天，儿子的捕鱼量开始大增，渔夫含笑而终。

在渔夫去世后的一段时间里，儿子的捕鱼技术虽然达到了渔夫的要求，但同时他越来越感觉到捕鱼的枯燥，这完全不是他想象中的自己，最后他做了一个艰难的决定，将父亲留下来的有关捕鱼技术的资料全部焚毁，开始研究新的捕鱼技术。虽然，在很长的一段时间内，他的捕鱼量非常少，有时甚至不能满足日常的开销，但随着时间的推移，属于他自己的捕鱼技术逐渐成熟。在综合了现代化的设备以及传统经验的优势之后，他总结出了新的捕鱼经验，而他所创造的捕鱼量是老渔夫的两倍还多，这让当地的人们感到大为吃惊，最终他成立了当地第一家海鲜产品加工厂，成了一个事业有成的人。

从这个故事中我们可以看出，老渔夫为了传承自己的捕鱼技术，而将儿子的捕鱼行为限制在自己的要求之内，虽然这在一定程度上增加了儿子的捕鱼量，但同时我们也能发现这种行为使得儿子对捕鱼这件事情失去了兴趣，使儿子失去了创造性的发展。

在企业发展中，企业是否也在扮演着老渔夫的角色？当员工出现问题的时候，企业是否急于用传统的方式解决问题以减少损失？当员工的行为跳出企业的约束之后，企业是否急于做出纠正或者处罚，而忽略了对员工的行为本身的考量？

这个故事给予企业管理以下几方面的启示，它将指引企业走出某种思维定式的误区，促进员工以及企业的发展。

1. 正确面对失败

在工作过程中出现失误或者面临失败，这是工作行为所引发的常态行为，正是基于失败的常态，我们才能认识到自身的不足，才能采取积极的措施改变失败的局面从而走向成功。损失已经成为既定的事实无法改变，执着于损失与惩罚只会加重损失，并降低员工的积极性。在失败中总结经验教训，并采取措施减少损失，这才是企业最应该关注的问题。在沃尔玛的发展过程中就有这样一位经理，他在给沃尔玛造成一千万损失之后准备向集团辞职，此时集团却给予了其更高的职位，并告诉他："一千万不算什么，它只是一个数字，但你已经拥有了一千万才能买到的经验教训，你必须把这些经验教训回馈给沃尔玛。"

2. 最佳的秩序并非"有条不紊"

员工行为往往受到企业的限制，虽然这些行为没有冲撞制度，但出于对整体氛围的考虑，避免使企业发展陷入混乱，这样的员工行为往往被令行禁止，使得企业发展有条不紊、秩序井然。对于企业发展而言，秩序非常重要，它对维持企业效率、维护企业利益，发挥着重要的作用。然而，并非井然有序的秩序就一定会发挥积极的作用，秩序中的插曲以及小的波折，往往更能激发员工自主解决问题的能力。

永远不能回避问题

在激烈的市场竞争中寻找捷径迅速地占领并强化市场，是企业实现发展的一种重要方式，这是一种有效的捷径，它与投机取巧有着本质的差别。然而在企业管理中，这种盲目地寻找捷径、趋利避害却并非一种长远的方式。经历问题、经历失败是企业走向成功的必然，不经历失败的成功不会长久，任何可能导致失败的因素都将成为威胁其发展的重要因素。

所以，对于企业发展而言，发生问题并非一件绝对的坏事，通过综合各方面的力量解决问题，不但增加了企业的竞争力与凝聚力，更使企业发展充满了活力，更能激发企业的拼搏精神。LG 集团的老总在总结经验时，曾说过这样一句话：“感谢那些失败，让我们能从阴影中找到一丝光明，感谢那些疼痛感，唤起了我们求生的欲望。”

正确地对待发展中的问题，合理地面对困难与挫折，整合企业中可利用的有效资源实现企业的发展，是企业通往成功的一条道路，在这个过程中企业要注意以下几个问题：

第一，成功者的眼界在于如何看待失败。

失败只是一种暂时的结果，应该通过失败总结经验而不是执着于失败本身甚至沉溺于失败。

第二，出现问题意味着企业仍处于发展的状态中，没有问题才是最大的问题。

第三，保持优势的发展，强化重点。

通过强化优势是提高自身竞争力的一种有效的方式，这包含两方面的内容：一是强化重点，提高自身优势。二是综合优势资源或者不断地进行“纯种分离”，保持积极有益的行为，持续发展。

第四，保持核心价值观的方向性。

在强化重点、突出核心价值的过程中，要将问题的发生有力地控制在不触动核心价值的范围内，一旦触动了企业的核心价值，那么问题就很可能产生无法挽回的影响。例如，在兼并的过程中，如果兼并的结果是使企业的核心业务发生偏移，或者失去用武之地，那么这就会产生本末倒置、因小失大的后果。

企业要有面对问题和解决问题的能力，同时也要有承受失败的勇气。在经历失败后没有倒下，才能成为最终的成功者，失败是成功者最大的财富，有荆棘才有开路者，有风浪才有掌舵者，道路越平坦越没有行走的价值。

◎ 暗箱模式——实现复制式成长

暗箱模式是企业实现复制成长战略的重要手段，它通过把企业中的关键性资源整合整理为不同的暗箱，然后借助不同的机制实现暗箱资源的共享。它与人们经常听到的“暗箱操作”有本质的不同，暗箱操作是指没有按照事情应有的公开程度，或者没有达到应该的公开范围，利用职权之便谋取私利的行为，通常是不正当或者不合法的。

而暗箱模式是基于企业自身的产品、技术以及客户观念，在新的区域复制原有的经营模式达到快速发展的需求，并且在通常情况下，暗箱模式适用于以地理区域扩张为目标的企业。

在日益强烈的企业竞争中，市场就像是一个巨大的蛋糕，被不同的企业分食，在市场竞争的过程中企业的生存与发展都将面临严峻的考验。虽然市场规律有迹可循，但瞬息万变的市场环境又给企业的发展制造了难题，如何在繁杂的市场环境中生存，已经成为企业面临的严峻考验之一。

在这个过程中，企业通过参与市场的竞争而获取了一定的经验与教训，为企业的后续发展提供了依据，当然暗箱模式也同时为企业的深化发展提供了一条出路：通过将企业发展中所积累的产品、技术以及客户等因素通过暗箱模式运用到新的市场区域或者新的行业领域中，实现企业的复制式增长。这是一种资源合理配置的体现，同时也是企业发展效率的体现。

企业发展与一个人的发展是类似的，在发展的过程中通过不断地总结经验教训，提升自身的某种能力来适应环境。同时，更重要的在于现实条件的积累，这是一个人在经历辛苦拼搏之后所得到的发展资本，同时也是实现进一步发展的根基所在。

企业发展也是同样，在市场竞争的过程中，企业不仅仅总结了管理和发展方面的经验教训，同时也总结了适合自身发展的技术、客户关系、企业资源以及成长模式等，企业同样也积累了一定的现实条件。这也就是说，在企业的深化发展中，这些现实的条件已经为企业的进一步发展提供了有力的根基，利用这些现实的条件，来复制企业发展的模式，迅速地融入新的市场领域或者行业领域中，这也就是我们通常所说的复制发展的方式。

合理利用现有的资源

对于暗箱模式下的企业发展而言，在新的领域或者行业中的发展，可以借鉴先前的企业发展的经验，并借助已经具有的企业资源，为企业在新领域的发展创造更多的条件与优势。这种复制成长的企业发展模式具有两方面的优势：

第一，企业资源的利用效率被提高。

在企业参与新领域的竞争时，旧的企业发展所积累的产品经验、管理经验以及客户关系等都可以在新领域的竞争中被重复利用，这是一种效率的体现，同时也是一种企业发展的优化策略。

第二，为新领域的企业发展提供依据与保障。

新领域的企业发展自然会面临与当前企业发展所不同的问题，解决这些问题的效率，往往对企业在新领域的市场竞争力发挥着重要的作用。如何迅速地进入并影响市场，也就成为企业在新领域中发展的重要内容。运用在当前企业中的管理经验以及市场经验，从某些层面上讲，为企业在新领域中的发展提供了依据，同时这种资源的有效利用以及管理经验的延伸，也是企业在新领域中发展的一种保障。

实现企业的复制式增长

复制式增长以资源有效利用为前提，也就是说，企业新的发展领域对于当前企业的资源优势具有一定的依赖性，通过对现实的企业资源的客观了解，找到一个更加适合新领域发展的方式，这样的发展更有效率，同时也具有企业资源的保障，更有利于参与激烈的市场竞争。在这个过程中，复制增长的模式给我们提出了以下两点要求：

第一，对于产品和管理而言，产品和管理的理念要满足当前企业的要求。

对于企业在新领域或者新行业中的发展，产品要基于一定的创新意识，不能一味地沉浸于旧产品的形式和特性中，当然，产品的理念所传达出的品牌形象，要符合当前企业产品理念的要求。这是一种产品品牌价值的深化与推广，通过丰富产品的种类与特性，满足不同消费者的需求，同时还要借助于先前的产品理念，塑造并强化已建立起来的品牌价值。

通过这样的复制增长，消费者在满足消费需求的同时，对于产品的品牌价值了解得更加清晰，换句话说，新的产品要基于一定的创新，但这种创新要符合已建立起的品牌价值的要求。这就好比宝马汽车如果要进军日用品行列，那么它也只能够在高档次的日用品中出现，一旦新的行业或者产品内容与宝马之前的品牌价值产生冲突，那么就很容易破坏掉消费者对于宝马品牌所具有的情感和依赖，这也就会产生新领域与老品牌之间的双重损失。所以，产品的复制增长虽然具有了先前的企业所创造的市场以及营销通路的优势，但新产品的产品理念要符合品牌价值的要求。

第二，对于企业管理而言，一个集团式企业的发展要有一个核心的产业。

这也就是我们通常所说的母产业，核心产业在企业发展中具有重要的影响，它是企业整体形象的综合，也是对企业理念的维系与发展。在不同的行业或者领域中，企业的管理理念要维持一定的统一性与协调性，不同产业或者行业间的企业管理才能更好地融合为一个统一的整体，为强化企业的形象产生重要的影响。

这同时也是一种品牌推广的方式，通过树立核心产业的管理核心，并渗透到整个集团企业的发展中成为管理的核心，领导整个企业的发展。

对此，我们可以举一个简单的例子，以质量品质为核心的索尼，虽然在电脑、手机、MP3 等电子行业中都有自己的产业，但在不同的产业中质量与品质仍旧是整体企业的核心，也正是凭借着这种核心的管理理念，消费者在认同了索尼的 MP3 之后很容易接受它的电脑或者手机，这是一种优势传递与强化的发展模式。

暗箱模式渗透于我们日常生活的每一个角落，一个人的发展同样也可以借助暗箱模式实现复制式的发展，这不仅仅是一种能力的积累与发展，同时也是对于现实的条件和环境的有效综合与运用。通过设立一个暗箱，将能够实现自身发展的优势资源用暗箱有效地保护起来，并在之后的发展中时刻关注并运用这些优势资源，综合周围的环境和现实条件，发挥优势资源的最大效用，这同时也是一个人发展能力的体现。

Part 9 第九部分

惩罚的常识

制度是企业发展的灵魂，它以最高的行为准则，约束并指引员工和管理者的行为，任何触犯行为都必须要受到严厉的惩罚，这样才能保证制度的威严，维护企业发展的根基。

◎ 确立书面制度——报告、联络以及商量

这一常识是日本企业管理中的一项基本原则，又被称为“菠菜法则”，即管理事无巨细，尽量用书面表达，先主后次，先急后缓，加强沟通，提高企业的办事效率，简而言之就是报告、联络以及商量。

它的真名叫作日本企业管理基本法则，由于报告、联络、商量三个词的第一个字的发音在日文中与菠菜相近因而被称为“菠菜法则”。以报告、联络、商量为行为准则的“菠菜法则”，已经成为日本企业管理的专利，在日本的企业管理中发挥着重要的作用。对于企业管理而言，“菠菜法则”是一则简单的法则，它涵盖了企业生活中几乎所有员工与管理者的行为，并对其进行有效的管理。

同时，“菠菜法则”也是一则复杂的法则，这就像是新兵入伍时要学会的立正稍息一样，要想做到非常容易，然而要想将其做好、做到规范并且能时刻约束自身的行为，却并非一件易事。

使员工的行为“规律化”

管理员工的行为有规律可循，这不仅提升了企业管理的效率，规范了员工的行为，同时对于保证员工的工作效率，提升员工的工作能力，通畅企业

的日常工作发挥着无可替代的作用。我们从下面的企业管理的实例中寻找“菠菜法则”所产生的重要意义。

有这样一个公司，早上员工来到公司会接受不同的指令，并从事相应的工作内容，然后员工将大部分的时间用于完成这项任务。通常由于诸多事务的影响，员工并不能准确地按照管理者的要求从事或完成相应的任务。下班之前员工不管是否完成了任务，都会准时地离开公司，对一天的工作而言，员工不会抱有任何思考或者总结。

而作为管理者，他们的任务往往在于分配任务，并在规定的时间内验收成果，如果在规定的时间内员工没有完成相应的任务，就会受到惩罚处分。

从这个企业的管理中我们可以看出诸多的问题：

1. 从管理者的角度考虑，管理者给员工分配任务，并在规定的时间内验收工作的成果。

由此我们不难看出管理者的引导与员工行为之间有矛盾和冲突，首先，分配任务与验收成果之间没有明显的过渡阶段，从而导致员工的工作行为没有受到足够的约束或者引导，使得员工对工作任务没有合理的考量与充分的理解。试想，如果管理者要在三天之后验收工作成果，那么员工很可能在第一天完全没有考虑到工作的内容，因为起码还有两天的时间来完成任务。

2. 没有有效的信息回馈使得管理者与员工行为之间出现“思行”的断层。

所谓“思行断层”就是指员工的工作行为与管理者的想法没有很好地吻合，也就是说员工的工作进展和管理者的工作安排都没有清晰地传达给对方。信息反馈是企业管理的重要引导，根据员工反馈的信息进行有效的整合并调整工作安排，对于顺利地完成工作任务具有无比重要的意义，同时管理者反馈的信息，对于员工的工作热情以及效率也有着重要的影响。

3. 管理混乱必将导致重大损失。

从上面的管理中，我们可以深刻地体会到员工以及管理者都处于一种失职的状态。员工没有及时地反馈工作进展，而管理者也没有及时地关注工作的进程，这导致员工工作处于一种失控的状态，久而久之必将引发重大的损失。

在日本的企业管理中，工作安排始于前一天的工作结束，管理者根据员工汇报的工作进展，对缓急不同的工作问题进行有效的处理，并及时地做好反馈或者新的工作安排。第二天，员工在工作之前就会对自己昨天的工作内容进行客观评价，然后完成管理者安排的工作任务，当然在今天工作结束的时候，员工的工作汇报同样会交给管理者。紧急事务会被放在紧急事务栏被管理者提前关注。这样的循环管理可以积极地促进员工的工作和管理者的管理，使员工与管理者同时处于积极的工作状态中，建立起有效的合作关系以促进企业的发展。

明确责任，才能规范管理

在企业管理中，责任时刻伴随着管理者的管理以及员工的工作行为，相应的行为会导致相应责任的产生，使管理者与员工对自身的行为担负责任，这样才能从制度的高度规范约束管理工作。责任感是一个人工作状态的最佳写照，具有责任感的管理者时刻知道自己该做什么和怎样做；一个有责任感的员工同样要明确自己正在做和要做的工作以及如何面对工作中的问题，如何向上级有效地汇报自己的工作进展。

这样所建立起的合作关系，才能够促进管理者与员工之间的有效配合，及时地完成工作的目标，并制订新的工作计划。“菠菜法则”向我们展示了几种在工作过程中或管理过程中应该注意的问题：

1. 备忘

记录是备忘的首要选择，将传达的命令和员工的反馈记录在有效的地方，远比记忆在大脑中更能发挥作用。很多时候导致工作出现重大问题的原因，并非没有合适的解决办法，而是在有效的时间内这件事被忽略了或者被遗忘了，在繁杂的企业事务中这样的现象并不少见。

2. 自我总结

在记录的过程中，有时限地回顾自己的工作内容，对之前的工作安排或者工作进展，进行有效的总结与分析，制订更好的管理或者工作计划，更能减少员工与管理者之间的摩擦，促进工作的顺利进行。同时，在自我总结的过程中，好的工作方法更有利于自身的发展和高效地工作，在这样的促进中，管理者和员工就会形成一种紧密联系并相互制约的合作关系。管理者根据员工的工作汇报及时做出调整，而员工则以真实的工作进展体现管理的疏漏或者问题，这样的良性循环，才能从真正意义上促进企业管理工作的施行。当然，如果你能有效地做出自我总结并及时地汇报给上司，这样的行为一定会给上司留下深刻的印象，在职位升迁、奖励、提升福利待遇等方面你都会拥有无形的竞争力。

3. 明确责任，回避矛盾

在企业管理中，管理者与员工之间的关系往往会受到外界环境的影响，在某些方面，员工的问题往往会因为超越权限或者职责之外而引发管理者的不满。在工作出现问题时，员工首先要积极地考虑引发问题的症结以及问题所涉及的责任倾向。如果问题出现在自己的工作过程中，并可以利用自身权限完成对问题的改善，就没有必要去惊扰管理者的工作，要知道管理者总是非常繁忙，几乎没有时间处理无意义的繁杂琐事。在面对重大事情的时候，不要急于将责任推给上司，首先应以紧急事务表的形式将信息传达给上司。这样非但不会将责任转移给上司，而且即使上司不在，这样的紧急事务也会得到企业内的有效处理。在自己的权限之内，直接找到担负责任的最高管理者往往更有利于问题的解决。在日本的企业中，不出问题是分内的事情，一旦出现失误那就是员工自身的责任，这种明确的责任归属不但强化了员工的工作行为，同时也提高了员工担负责任的能力以及工作效率。

强化员工的“问题意识”

在企业管理中，管理者以及员工的行为都可以归结在报告、联络、商量的范围内。在“出现问题”和“处理结果”之间，可以敏捷地找到处理问题的最有效、最简洁的办法，这不但提高了管理者以及员工的工作效率，同时也在无形中提高了员工的办事能力。它以一种思维模式影响到员工的行为，使员工逐渐适应并有效地利用这一模式从事其他的工作内容。

“菠菜法则”在将复杂问题简单化的过程中，不断增强员工的问题意识。在日常工作中始终不停地总结并发现新的问题是一个员工工作能力的体现，在将问题汇报并得到有效解决方案的同时，员工自主解决问题的能力也在不断地提升。

在这种员工与管理者之间有效监督、紧密合作的过程中，管理者与员工都将得到有效的提升。这就使得员工的工作充实而有效，同时促进管理者的管理效能。作为管理者，在安排员工工作、处理员工问题的过程中，也同样会总结出员工问题的规律性，对员工可能出现的问题做出有效的预见，并及时地采取相应措施，使问题解决在萌芽状态，这对于解决问题、促进企业发展而言具有重要的意义。

“菠菜法则”是一则协调性的法则，强调通过个人与组织之间的有效沟通与配合，运用集体的智慧解决实际的工作问题，这也就是一直受到日本企业追捧的团队意识。我们不否认个人能力在解决问题中的重要性，但以个人能力为载体的团队能力往往能迸发出更加耀眼的光芒，个人要依附于团队而存在，并促进团队意识的形成与发展，这样才能使企业发挥出群体的效能，产生更为积极的影响。

◎ 果断运用手中的权力

这一管理原则是由法国组织行为学家 G. 斯达特提出的，它告诉了我们管理者最为重要的工作，就是要明智地和果断地运用权力。这是一则关于如何树立管理者威严的管理常识，被称为“强手法则”。

管理者发挥着管理下属，制定并实施工作安排等管理任务。然而管理工作并非一帆风顺，管理者总会遇到一拨又一拨的“捣乱分子”，他们不仅使管理工作不能顺利进行，甚至为整个团队注入消极的血液，使整个团队失去活力。

当管理者面对这样的问题时，通常会采取强硬的措施来打压“捣乱分子”的行为，削弱或者消除“捣乱分子”的影响，如果行不通就只好开除这样的“捣乱分子”。这样的管理方式是管理者无能的表现，它往往会给企业团队传达出不良的信息，使得管理工作更加艰难。

首先，这会使员工对管理者的管理能力失去信任。

其次，对于员工而言，谁都不想在一个无能的管理者手下工作，员工会因此而对自己的前途产生担忧，进而无法积极地投入到日常工作中去。同时，经常使用开除员工的方式，管理者处理实际问题的能力很难得到有效提升，要知道“捣乱分子”总会存在，即使你开除了这个员工，同样还会有新的员工顶替他的位置，继续扰乱你的管理工作。

再次，这会影响到团队的氛围。动辄开除员工的行为，会造成团队的恐慌，使员工处于一种时时自危的工作状态，虽然在一定程度上提高员工的工作效率，但从长远的角度来看，这无疑阻碍了员工的创造力和工作热情。

管理者必须看到问题的根源

企业是一个由不同的组织组成的整体，而员工与管理者又构成了不同的组织，对企业发展产生影响。一个积极的组织会对企业发展产生积极的影响，而一个消极的组织就会对企业发展产生消极的影响。管理者在企业发展中发挥着重要的作用：

1. 调和员工与员工之间的关系

通过协调员工间的关系使员工间的问题得到有效的解决，不但树立了良好的管理者形象，还会增加员工的工作热情。

2. 管理员工行为

在企业发展中，员工的行为并非永远会处于积极的、正确的发展方向，由于个体之间存在着性格的不同，员工在工作的过程中，总会暴露出一些缺陷或者不足。管理者在管理员工的过程中，要能够发现并帮助员工解决这样的问题，实现员工的成长与发展，这样才能更有利于组织的发展，进而对企业发展产生积极的影响。

3. 制定并落实工作安排

员工在企业中的工作会受到上级或者管理者的指示，并通过指示来实现组织发展的目标。管理者要能够通过员工不同的状态，为不同职位的员工提供适合其发展并具有一定挑战性的工作，发挥员工的最大效能，为企业发展做出贡献。

解决麻烦的关键在于管理者必须避免麻烦，强势管理的前提是我们已经为员工的发展做出了全面的考量。员工在完成企业工作、达成组织目标的过程中，一旦受到不合理的待遇或者产生无法解决的问题，就很容易影响到工作行为，进而产生消极的工作态度，任其发展就会产生与管理者对抗或者不听从指挥的叛逆行为。对于管理者而言，强势而有效的管理策略是实现企业管理、协调员工关系、实现组织目标的良策，然而，这并非意味着管理者可以滥用职权，严厉甚至苛刻地对待问题员工。

也就是说，员工出现问题总是有一定原因的，在管理者实施管理之前，首先要考虑自身的管理是否出现了问题，还是员工自身出现了问题。这需要管理者从以下几个方面反思自己的行为：

首先，管理者的威信来源于强势还是人心？

这一点对于管理者的管理工作至关重要，威信是一个管理者树立个人形象、实现员工管理、规范员工行为的前提，一个没有威信的管理者，很难对员工产生积极正确的引导或者管理。而很多管理者经常通过严肃而强势的管理方式来树立个人形象，建立管理者的威信，然而这种方式失去了员工的基础，很难起到真正意义上的引导作用。

试想，一个总是用开除来恐吓员工的管理者，员工是否会真正地听从管理者的安排？当然不会，即使会也是阳奉阴违的消极行为，这不但会影响员工的工作状态，同时也给管理埋下了巨大的隐患，一旦管理者出现疏忽或者纰漏，很容易受到员工的集体反抗，导致管理无法正常进行。

“得人心者得天下。”强势的管理源于管理者基于以人为本树立起的个人形象，这样更有利于激发员工的认同感，强化员工的工作热情。

其次，麻烦是一种个别现象还是群体现象？

个别员工的叛逆行为，问题很可能出于员工自身，这种叛逆行为由于失去了群众基础而显得单薄且脆弱，管理者很容易就可以通过管理解决这样的问题。然而，如果组织中大多数的员工都出现了类似问题，都在反抗管理者的管理，那么这就很可能是管理者的管理工作出现了问题。管理者需要从以下几个方面考虑自身的管理是否出现了问题：

（1）管理者自身是否对员工产生了消极的影响？排除制度以及管理的影响因素，管理者本身同样会对员工的行为产生影响。一个积极乐观、有魄力的管理者，员工很容易受到其威信的影响积极地投身于企业工作。而如果管理者总是表现出懒散、消极的工作状态，这就很容易对员工的行为造成负面的影响。正所谓“上梁不正下梁歪”，管理者在管理员工的同时，首先要注意到自身的行为是否已经对员工产生了消极的影响。

（2）员工的工作状态是否得到了有效的维护？这来自于多方面的原因，工作环境、制度管理、自我体现等各方面，都将导致员工陷入不正常的工作状态。一旦管理者失去了对这些方面的考量，忽视了员工的真正需求，就很容易引发员工群体性的消极表现，进而影响企业的发展。工作安排是否切实有效，工作内容是否充实而具有可行性，管理是否公平公正，奖励惩罚是否合理，这些都将影响到员工的工作热情。

（3）工作岗位是否满足了员工的需求？这当然不仅包括工作内容上的满足，职位所展现出的性格吸引以及心理满足，往往更受到员工的重视。一个内向腼腆的员工，就不适合从事销售、管理等方面的工作；而一个外向活泼具有挑战意识的员工，同样也不适于从事财政、内勤、出纳等工作。

立刻解决那些“捣乱分子”

对于管理者而言，在管理过程中遇到“捣乱分子”是一件让人头疼的事，更头疼的是他恰巧是你的属下，而你对他总是束手无策。这不但严重影响着你作为管理者的个人形象，使你的管理工作充满阻碍，同时也无疑会对其他员工的管理产生负面的影响。

所以，在面对这样的“捣乱分子”时，要采取一切可行的措施来解决麻烦，在管理此类员工时，首先要充分意识到自身可动用的权力，在权力范围内影响或引导此类员工的行为。

“捣乱分子”的危害性不容忽视：

首先，对于员工本身而言，他的工作质量往往无法达到管理者的要求，同时他的消极行为很容易在团队中散播、传染，最终影响到其他员工的工作热情。

其次，会对其他员工的工作造成阻碍。在工作过程中，问题员工通常会采取极端的措施来反对管理者的管理，一种有效的方式就是，通过影响或者阻碍身边员工的工作来增加管理的难度。

最后，会对整个组织团体产生负面的影响。在增强管理难度的同时，这类员工往往会通过制造群体性的麻烦，来阻碍群体工作的正常进行，进而对管理者的管理造成最为严重的影响。如果不及时地加以制止或者控制，这种行为就会逐渐放大，使得个别问题逐渐成为群体性问题，严重制约企业的发展。

在处理此类问题的过程中，管理者要充分并且果断地运用企业所赋予的权力，对于可以改造的员工要积极进行改造，对于坏苹果类型的员工，就像“坏苹果效应”那样要及时地处理掉、清理掉，以避免其对群体发生严重的危害。以下两点管理者可以作为参考：

1. 贯彻权力线方针，精确地找出问题员工

一个企业的管理会夹杂着权力层级的影响，这会使企业管理工作有序而紧凑。当管理者制定方案或者实施工作安排时，信息会逐级传达到各层管理者并最终达到基层员工。在这个过程中，管理者明确了各层级之间的工作内容和责任，并使得员工可以明确自己的工作内容以及所担负的责任。此时，如果有员工越级处理或者从事超出权限的工作，并且他的行为明显地带有破坏性以及危害性，那么这个员工就是你所要寻找的问题员工。

2. 果断运用企业赋予的权力及时做出处理

在这方面，管理者需要从两方面考虑问题：首先，对于危害性不大、造成损失不严重且改正态度明显的员工，管理者要正确对待和积极地鼓励、引导与纠正他们的行为。通常而言，具有反抗意识的员工往往在某些方面有很强的能力，同时，对于态度不端正的人，即使他所造成的影响并不大，对企业造成的损失也并不明显，但这样的员工所具备的潜在的杀伤力是无法估量的，管理者要做的，就是在第一时间运用公司的制度以及公司给予的权力，实施一切可以实施的措施来打压此类员工的行为，惩罚、降职、减薪甚至开

除，这样才能维护企业的管理效率，净化企业的管理环境，增加员工对企业的信任以及工作热情。

发展必然意味着要经历挫折与困境，所以，客观真实地对待挫折与困境，合理地排除挫折的消极影响，并吸取经验教训，才能发现自身的不足并做出改正。

在企业管理中也是如此，员工虽无好坏之分，但员工的工作行为可以产生消极与积极的不同影响。通过明确责任，规范行为，找到消极行为的所在，并通过合理的措施影响消极行为，促进积极行为，这样才能真正从企业高度体现出对员工的关怀，促进员工与企业的共同发展。

◎ 任何人触犯了规章制度，都要受到处罚

任何人触犯了公司的规章制度，都要受到相应的而且是及时的处罚。这一条管理常识又被称为热炉法则，它是最基本的管理原则之一，同时也是管理秩序的重要保障。

它包含了警告性原则、致性原则、及时性原则以及公平性原则。从热炉的表象中我们可以看出这样几点内容：

首先，热炉是火红的，不用触摸就知道炉子是热的，会灼伤人，这就是警告性原则；

其次，只要碰到火炉，就一定会被灼伤，这就是致性原则；

再次，只要碰到火炉，立刻就会被灼伤，这就是及时性原则；

最后，不管什么人、什么身份，只要碰到火炉都会被灼伤，这就是公平性原则。

惩罚需有据可依——完善的制度必不可少

制度是企业发展的灵魂，它以最高的行为准则，约束并指引员工和管理者的行为，任何触犯行为都必须要受到严厉的惩罚，这样才能保证制度的威严，维护企业发展的根基。制度在统筹全局、引导企业发展方面，发挥着重要的作用：

1. 制度可以将企业组织有效地约束在一个团结向上的氛围中

对于企业发展而言，组织内部有效的沟通与协调，是实现企业发展的关键所在，可以促进企业发展的速度。然而基于各方面因素的影响，组织之间往往会因为利益关系或者矛盾冲突，从而引发不团结甚至激化矛盾形成内耗，企业的发展严重滞后。制度以其特有的高度，从企业根本利益出发，可以有效地约束组织间的行为，迫使其处于团结协作的氛围中。

2. 制度可以指引企业发展方向

在企业发展的过程中，制度建立的根本目的在于保证企业发展朝向既定的目标而不偏离轨道，这从根本上保证了企业发展的方向。

3. 制度可以引导与约束企业行为

员工以及管理者在推进企业发展的过程中，难免会出现疏漏或者失误，致使企业发展偏离了既定的方向，通过制度的施行来对这些行为做出打击或者纠正，可以很好地使员工或管理者的行为回归到既定轨道，保持企业发展的正确方向。

4. 制度可以使企业成为一个有效的整体，避免发生混乱

这是制度对于企业发展最大的影响，对于企业发展而言，一个有效的、团结的、协作的整体可以促进企业的发展，反之企业发展则会受到限制。制度的威慑力可以避免企业内部矛盾，淡化企业中的问题，约束成员行为，使企业整体处于一个有效的状态，保证企业发展的方向。

然而，在企业管理的过程中，制度的威严一直在受到各方面的考验，管

理者、组织团队、员工行为等，对制度的威严产生了重要的影响。我们要清醒地认识到，制度正在受到企业内部的严峻考验，一旦管理者、组织行为、员工行为三者超出制度的范围而凌驾于制度之上，制度就会丧失威严而失去影响力。如此一来，制度就无法发挥管理企业并引导企业行为的功能，企业必将处于一个混乱的、内耗的、无效的发展状态。

也就是说，企业的发展关键在于树立制度的威严，明确制度的高度并强化制度的威慑力，让所有企业中的个体或者组织意识到制度的不可触碰，任何触及制度威严，危害企业发展的行为都将受到严厉的惩罚。

充分展示制度的威严

制度的威严是不可触碰的，只有科学而有效地管理并引导这些行为朝向制度要求的方向，才能充分地维护制度的威严，使企业的发展维持在制度所确立的既定范围中。在运用制度管理的过程中，要充分发挥制度的“火炉效应”，让企业成员充分意识到制度的重要性、威严性。同时，对于管理而言，预防问题的发生远比事后解决更有利于维持企业的发展。所以，在企业管理中，管理者要注意以下几点：

1. 预防为主，加强警示

在企业管理的过程中，管理者一方面制定并实施发展方案，有效维持企业发展的正确方向；另一方面，运用制度的威严管理企业行为，保证企业发展维持在既定的轨道上。在这个过程中，管理者同时具有另一方面的义务，那就是告知。告知是一种明确性的阐述或者警示，它可以让员工或者组织团队明白，什么样的行为是正确的，什么样的行为会受到惩罚，这也就明确了员工该做什么、怎么做的问题，使员工处于称职而又积极的工作状态。行使告知义务的过程中，管理者要明确以下几个方面的内容：

（1）充分详细地表述工作安排。工作安排是员工展开工作行为、完成组织目标的重要依据，详细而充分的工作安排可以使员工工作有序而高效，可以避免不必要的问题与矛盾，提高员工的工作效率。

（2）明确责任与义务。在工作施行的过程中，责任制的管理方式，可以使员工或下属充分认识到自身对于完成组织目标所发挥的重要作用，并同时明确自身所担负的责任。这可以使员工处于一种适当的压力状态，自觉地约束自身行为，有效地提高工作效率。

（3）明确不规范行为以及奖惩措施。在制度管理中，明确的奖惩可以指引并约束员工的行为，促使员工处于积极的工作状态。这可以使员工清晰地认识到规范的工作行为，使其知道自己该做什么，不该做什么，该做的事情如何做，这样才能最大限度地保证员工的工作效率。

2. 权力的行使要一致

在企业管理的过程中，危害制度的行为一定要受到相应的惩罚，这是维护制度威严的要求。行使权力要一致，这样才能保证制度保持在公平公正的环境中，对每个企业员工产生威慑作用，进而有效地管理并引导员工的行为。行使权力的一致性，可以创建一种积极向上的企业氛围，使心存侥幸妄图擦边的员工感受到制度的震慑力而不敢轻易触犯，从而维护制度的威严。在这个过程中，管理者同样要注意几个方面的问题：

（1）公平公正。首先，制度的建立要符合并满足绝大多数员工的需求，从根基上保证制度的施行不会产生不可抗因素。其次，制度的施行过程要公平公正，如果在实行中丧失了对公平公正的考量而掺杂人情、关系、照顾等因素，那么制度就将如一纸空文而失去其管理效能。

（2）制度管理不留情面。在人际关系、社会背景等因素的影响下，制度在施行的过程中往往会变得婉转而悄无声息，这使得制度成了权力者、利益者维护自身利益的工具。一旦形成这样的局面，必然会招致员工的不满而引发群体性的混乱，限制企业的发展。所以，在施行制度管理的过程中，任何触犯制度的行为都要受到严厉的惩罚，人情在制度面前没有任何可回旋的余地，这样才能维护制度的威严。

（3）明确责任，找到需要负责的人。在企业管理的过程中，员工的行为发生疏漏或者失误导致企业发展产生损失，是一种常见的现象。要想合理地解决这样的问题，杜绝类似问题的发生，首先就要明确责任，问题的发生总会有原因，而引发问题的员工就要为此担负责任，每一个工作环节都应该明确责任人，那么寻找责任担负者就非常简单，这样就能进一步激发员工认真工作的态度，因为每个员工都怕一旦自身出现问题，管理者马上就能找到自己。

对问题及时做出反应

制度的火炉在管理企业行为方面，发挥着重要的作用，它可以使员工明确自身应有的行为与责任，并在责任的引领下来成功地完成工作任务，进而实现组织目标，促进企业发展。制度的威慑力很大程度体现在及时性中，一旦触犯制度的行为没有及时地受到相应的惩罚，就很容易动摇制度的威严而产生群体性的反抗，引发混乱。在管理企业的过程中，管理者要注意以下几个方面的问题：

1. 即时反应，处理决定要立即执行

员工工作出现问题，触犯了制度的威严，影响了企业的发展，管理者在明确责任之后要迅速地做出反应，及时地做出处理决定并立即执行。立即执行才能维护制度的威严，警示并引导员工的行为，进而确保制度的威严。

2. 细化工作内容，明确员工责任

进一步细化工作内容，使得员工的工作过程在协作配合的环境中进行，同时相应的工作产生相应的责任，更容易找到引发问题的责任人。

3. 规范工作流程

规范的工作流程可以有效地明确员工责任，并使工作过程顺畅，使得问

题的发生时能够及时地被发现并采取措施。

4. 有效地引导员工的情绪

在做出处理决定并立即执行之后，管理工作并没有结束，如果处理决定使员工产生不满或者委屈，就会伤害到员工的情感而产生集体性的不认同，严重危害制度的威严。所以，在做出处理并执行之后，管理者要引导员工的情绪，使其意识到制度的重要性以及自身行为的不足，通过鼓励、激励等措施维护员工的自尊以及情感，保持员工的工作热情。这也就是我们通常所说的“冷制度，热管理”。

制度的火炉无时无刻不在影响着员工的行为，使员工保持积极的工作状态，在企业管理中，管理者要使员工对于制度产生以下认识：

1. 结果的一致性

只要触犯制度就一定会被灼伤，这样可以有效地杜绝员工的侥幸心理，从根本上杜绝员工触犯制度的可能。

2. 明确火炉的热度

警示员工不要触碰火炉，否则将会被灼伤。这也就从另一方面明确了员工的行为方向，使员工自发地通过制度了解自己应该做什么以及怎么做。

3. 明确灼伤的即时性

所谓即时性即为碰到火炉之后立刻就会被灼伤，这是一种警示性的表达，同时也是一种引导性的表达。任何人触犯制度，第一时间就会受到惩罚，而避开火炉才是唯一正确的行为方式。这样可以使员工避免灼伤，进而影响其行为模式，实现对员工行为的引导。

4. 制度火炉不受时间、地点、人物的影响，任何人在任何时候任何地点只要触犯了制度的火炉，就一定会受到惩罚

这种普遍的防范意识，将渗透到企业发展的每个环节，员工、组织团队、权力者都将在制度火炉的影响下规范自身行为，从而建立起积极向上的企业

氛围，为企业发展提供动力。

火炉传达出不可触碰的信息，对于个体的发展，“火炉效应”体现出发展过程中的原则性，失去原则的发展无法实现真正意义上的成功。制度与原则是相呼应的，在企业发展中，制度表达了原则的观点，同时也借以告知正确的企业和员工行为，这是一种规范性的企业发展状态。同时，人们可以感受到，当火炉不可避免地存在的时候，避开火炉才是唯一正确的选择，这同时也就为企业的发展指明了方向。

Part 10 第十部分

决策的常识

企业制定决策的目的在于规范员工的行为，进而提高员工的工作热情，促进企业的发展。然而，从员工的角度考虑，每一项决策的制定都具有一定的约束性，但员工潜意识心理层面对这些约束的反抗，使其对决策的制定提出了种种的问题以及解决方案，这是员工对自身利益的一种维护，也是一种正常的心理现象。所以，一项决策的制定如何能够正确地引导与规范员工的行为，并有效地避免员工对于决策的抵触情绪，也就成了决策制定的关键所在。

◎ 统一标准——企业只有一个“一”

一个人只拥有一块手表时，才能准确地知道时间，而当他同时拥有两块手表时反而无法准确地确定时间。两只手表并不能告诉一个人更准确的时间，反而会使看表的人失去对于准确时间的信心。这一原则又叫“手表定律”。

它讲的是什么呢？实际上，它给了我们在企业管理方面非常直观的启迪：对同一个人或同一个组织，不能同时采用两种不同的管理方式，不能同时设置两个不同的目标，每一个人不能由两个人来同时指挥……否则将使这个企业或者个人无所适从。

“手表定律”告诉我们，准确的时间只有一个。当我们看到两块显示不同时间的手表时需要知道哪一块手表的时间才是正确的。它给企业管理者的启示是：决策者和标准都只能有一个，而不能考虑什么多元化。因此，“手表定律”也叫作“一”的法则。

企业的决策者只有一个

在企业管理的过程中，不论你是一个管理者，还是一个普通的员工，你都会经历这样的事情，当企业有了新的策划方案或者制度的时候，总是会有员工接到不同的工作内容，而这些工作内容总会让员工感到困扰。这是因为员工要听命于不同的管理者，而生产部经理很可能与策划部经理提出的要求相悖，这就会导致员工在工作的过程中陷入矛盾的状态。

在企业发展的初期，由于没有制定明确的规章制度，或者管理不善，很容易出现“两块不同时间的手表”。

罗尼还是一个刚毕业的大学生，通过他敏锐的观察，罗尼最终选择了在一个非常具有潜力的发展型企业中工作。正当罗尼准备大展拳脚、开创一番事业的时候，他却发现自己已经置身于重重矛盾之中，无法前进。

原来由于企业制度的不完善以及人才的紧缺，企业在管理方面出现了很大的漏洞。有一次，罗尼接到上级的命令，对一份企业合作的企划案做出修正，必须在下午四点之前完成并交给客户。这对于管理学硕士出身的罗尼来说本来是一件再简单不过的事情，但是，就在此时，企业总裁要求全体员工下午一点到会场开会，而现在的时间是上午十一点。虽然罗尼很努力地去完成这份工作，但是仍旧没有在开会之前将企划案修正完，罗尼不得已只能将企划案带到会场上修正。

结果是，罗尼根本就没有听清会议的内容，同时在会场的影响下，罗尼的修正案也出现了很多明显的失误。最关键的是企业总裁在会议上点名批评了罗尼：“这位员工，你的工作态度让我感到惭愧，一定是我的演说枯燥乏味，才让你失去了兴趣。”

像这样的事情在罗尼的企业中时有发生，很多员工都在抱怨自己分身乏术，而企业的管理者忙于事务，对此不甚了解。在经过了仔细的分析以及准备之后，罗尼认为这不仅是一次改变企业现状的契机，更是体现自身才能，实现自身发展的机遇，于是罗尼来到了总裁的办公室。

当罗尼走进总裁办公室的时候，总裁正忙于事务，看上去非常焦虑。

“总裁先生，”总裁抬头看了一眼罗尼，示意他继续说。“我叫罗尼，是一名市场策划专员，您肯定记得我，我就是那个在会场上忙于其他工作的员工，对此我感到十分惭愧。”罗尼幽默的方式，很快就吸引了总裁的注意，“这次，之所以在您如此繁忙的时候打扰您的工作，是因为我感到我们的企业出现了问题，急需解决。”

总裁放下了手中的工作，将罗尼带到了待客区，并吩咐助手去倒两杯咖啡过来。

“我记得你，罗尼，你就是那个管理学出身的高才生。我们的企业确实出现了问题，我很期待你能从管理学的角度，提出你的意见，”总裁对罗尼说，“人才就像金子，如果我错误地将他们置于人群当中，我很期待他们能发出光亮，让我找到他们。”

罗尼将事先准备好的文件，拿出来给总裁看，并用自己幽默诙谐的表达，详细地向总裁阐述了“手表定律”的内容。最后，罗尼用谦卑的语气对总裁说：“我想，您一定是忙于事务，忽略了这一点。”在谈话结束后不久，企业内部就进行了一次大的改革，而改革的结果也是显而易见的，员工的工作效率以及企业的精神面貌都发生了巨大的改变。总裁因此对罗尼另眼相看，不久之后，罗尼就经历了他人生当中的第一次晋升。

从这则事例中我们不难看出，由于多个领导的不同指示，使得企业员工面临两难的境地，从而降低了员工的工作效率以及工作热情，对企业的发展产生了不可估量的负面影响。那么如何才能统一“时间”？

任何决策、标准和要求，都必须避免模棱两可

上面我们已经提到了一个上司对于员工工作热情的影响，那么是不是只有一个上司就可以避免对员工工作热情产生负面的影响？当然不是，从“手

表定律”中我们可以看出，如果两块手表显示的时间是一致的，那么就不会出现分歧。在企业管理的过程中，不同的管理者对员工提出要求，或者下达命令以及指示会不可避免地发生，只要保证不同管理者的命令或者指示是在同一标准下下达的，这样就不会对员工产生负面的影响，因为他们的“时间”是一致的。对于管理者来说，设置双重的标准必将影响员工的工作热情，使企业走向衰败。

那么如何才能实现统一的标准，使企业稳步发展？

1. 确立明确的目标

明确的目标是实现统一标准的基本保证，方向的一致性是对行为一致性的最根本的指引。信息在上下级之间以及各部门之间的传达过程很容易使信息失真，最终导致错误或双重的指示或者命令。只有保证明确的目标，才能使信息在传达的过程中保持原有的内容，员工所接受的指示也是明确具体的任务，这样就会避免对员工产生双重的要求，而影响到员工的工作热情。

2. 严格制定与执行考核标准以及管理制度

临时改变考核标准，会使各部门之间的合作关系产生矛盾，进而产生双重的标准，使员工产生不稳定感，影响到员工的工作。你一定能够体会到，在忙碌了一个月之后，考核标准突然临时改变，你的业绩受到了不公平的待遇，这样对你的工作热情将会产生什么样的影响。

同时，管理制度是一个企业的灵魂所在，在制度面前人人平等。管理制度的执行准则即是对事不对人，不能因为个人情感而置制度于不顾。一旦在制度的执行中，产生不合理或者偏袒的现象，就会很容易使制度丧失威严，员工或者下属也会对制度产生冲撞，产生恶劣的影响。

从上面的论述中我们知道，一个企业不能采取两种不同的标准。那么是不是说，企业不能采取两种不同的管理方法？当然不是，管理方法与执行标准有着本质的区别。而且，在复杂的企业管理过程中，很多方面需要管理者仔细地分析与定夺。比如，策划部要严格执行上班时间，而对于销售人员来说，可能当天晚上很晚去拜访客户，或者早上有一个重要的客户需要提前拜访，如果在这方面一味地执行严格的上班时间，就很容易使销售人员感到疲惫，进而影响到工作效率。

“手表定律”在我们的现实生活中也有着广泛的应用：你是否曾经为两个同样优秀，又同时追求你的男人而感到苦恼？你是否曾经在面对喜爱的事物时，不得不舍弃其一？你是否在面临两份同样喜欢的职业选择时，感到彷徨与失落？这些两难的选择，总是让我们对生活无所适从。

你最终还是做出了自己的选择，你选择了最好的男朋友，选择了自己喜欢的事物或者职业，当一切安定下来的时候，你感到轻松自在，然而你并不很清楚自己这样选择的原因。这就是我们通常所说的“模糊心理”，模糊心理以潜意识作为驱动，任何可以提供的选择中，潜意识一般都可以很快做出最符合心理需求的决定，然后驱使你做出正确的选择。

◎ 优中选优，制定最好的决策

企业员工在面对一项决策的时候，会不断地提出问题和相应的解决方案，然而实际上，很多方案都被扔进了垃圾桶，只有很少的一部分被企业采用成为决策的组成部分，这一原则又叫“垃圾桶原理”。

它来源于荷兰一则保护环境的事例，为了维护当地的良好环境，荷兰政府购买了大量的垃圾桶摆放在路边，然而由于人们都不愿意使用垃圾桶，于是垃圾问题没有得到根本解决。为了解决这一问题，荷兰政府采取了很多的措施，例如罚款以及加强环保监督等，然而这些措施的效果都不明显，后来，有人提出在垃圾桶上装一个感应器，只要有垃圾扔进垃圾桶就会播放一段音乐或者一则笑话，结果，所有的人不论距离远近都会将垃圾扔进垃圾桶，保持了城市的清洁。由此管理学家总结出了企业决策的一种制定模式。

“垃圾桶原理”是一则关于企业决策制定与员工参与的理论，企业制定决策的目的在于规范员工的行为，进而提高员工的工作热情，促进企业的发展。然而，从员工的角度考虑，每一项决策的制定都具有一定的约束性，但员工潜意识心理层面对这些约束的反抗，使其对决策的制定提出了种种的问题以及解决方案，这是员工对自身利益的一种维护，也是一种正常的心理现象。所以，一项决策的制定如何能够正确地引导与规范员工的行为，并有效地避免员工对于决策的抵触情绪，也就成了决策制定的关键所在。首先，我们从决策制定的几个属性开始了解。

决策要能解决问题

决策的制定是为了解决现有的问题，然而员工对于决策所引发的问题却林林总总，这也就引发了这样一种现象：决策在解决某一问题的时候衍生出了更多的问题，或者员工由于对决策不合理性的理解，导致了反抗情绪，从而使决策不能有效地解决这种问题。

比如，在很多的企业里都能够看到“禁止吸烟”的标志，然而在这些企业中吸烟的员工却并不少见。这就是决策制定与员工反馈的一种矛盾，决策的制定产生了新的问题：吸烟的人应该去什么地方吸烟？如果不吸烟有没有什么能取代吸烟的活动？……同时这也反映出决策在某些层面上的不合理性，不可否认，企业中的吸烟人不在少数，那么这项决策就很容易损害到吸烟者的利益，从而引发抵触的情绪，最终导致决策的施行受到阻碍甚至不能发挥效力。

决策要有共识性

现阶段的企业环境中，决策参与的权力已经从少数人转向了大多数员工的手中，然而，这只是决策的参与权，最终的决策制定仍旧掌握在少数人的手中。

这也就引发了一个新的问题，绝大多数人为决策所提出的建议被扔进垃圾桶，而只有少数人的建议成了最终决策的一部分，也就无法避免最终制定的决策只符合少数人的利益，而忽视了大多数人的利益，这也是一种决策共识性的不合理表达。

一个好的决策，它可以使大多数人达成一种共识，这也同时是决策能够产生影响力、规范大多数人行为的关键。因此，对于决策而言，要想具有普遍的影响力，以强制的手段往往是无法实现的，因为这很容易使大多数人的利益受到损害而无法达成共识。

◎ 管理者要对决策进行引导

通过上面的了解我们可以发现，并非发现问题就能够找到解决问题的办法，也并非制定决策就可以有效地解决问题，这基于一个共识性的影响，也就是说只有符合了绝大多数人的利益需求，决策才能发挥其解决问题的效力。

我们举一个简单的例子，某些公司为了避免下班的员工打手机影响正在上班的员工，于是在工作区域中贴出了“禁止打电话”的标语。这就是一种约束性的决策制定，它是一种强硬的约束手段，如果在这个区域中打电话被发现之后就会受到相应的惩罚。然而，这同时也就引发了更多的问题，当不得不接电话的时候应该怎么办？如果有急事需要打电话又应该怎么办？……问题接踵而来，这就激发了员工对于这种决策的抵触情绪，当有员工在工作区域打电话时，其他的员工不仅不会举报这种行为，同时还会认同这种行为，因为很多员工的利益都在这种决策中受到了损害。

如果在上下班的必经之地设立一个绿色区域，在这个区域中员工可以自由地打电话，而离开这个区域之后则不能打电话。这就是政策引导性的表达，大部分人的问题被解决了，如果你有急事不得不接打电话的时候，就可以进入这个绿色区域，于是工作区域中打电话的问题就得到了有效的解决。同时从员工心理层面来讲，这项决策体现了企业对员工行为的关注与理解，决策自然也就会受到员工的理解与接受。

这有利于打造企业的认同感，激发员工积极的工作行为，而当一个员工在工作区域中打电话时，周围的员工自然就会投以否定的目光，使得决策成为集体氛围或者集体利益的展现。这种决策就成了一种集体的行为，进而使得决策能够发挥有效的作用。

通过这个事例我们可以了解到，决策的制定往往会在某种程度上使员工产生抵触的情绪，而要消除这种抵触情绪需要从两个方面入手。首先，普遍的决策影响力。决策在内容上要具有指引性，不同的问题能够得到合理的解决，大部分人的利益不会受到损害，这样才能保证决策的制定具有普遍的影响力。其次，规避决策约束性的影响。一个约束性的标语即使合理也往往会引发人们的抵触情绪，例如“禁止抽烟”等标语，这种标语因为具有约束性，往往激起了人们的反抗情绪。

而烟盒上的“吸烟有害健康”的标语，正是利用了人们的这种反抗心理而起到了宣传的目的。

由此我们可以了解到，一项决策的制定要具有两方面的因素，那就是既能满足大多数人的利益需求，同时又能够避免员工产生反抗心理，用请求或者引导的语气往往要比约束更加有效。

实现有效的监督

对员工工作过程的监督是对组织目标的有力维护，通过监督员工的工作过程以及结果，可以有效地体现出组织目标的发展状态，并且通过一定的措施影响当前的工作效率，更有利于维护组织目标的完成效率。这也是当前企业环境中惯用的管理方式，然而，这同时也产生了另外一种问题，员工到底是真的偷懒，还是忙里偷闲的自我放松？

一旦产生疑问，那么此时管理者的干预或者监督，就必定会引发员工的抵触情绪，即使员工表面上处于忙碌的状态，但实际的生产效率却没有得到有效的提高，因而这种管理的方式也就很难对企业发展产生积极的影响。

监督是对员工工作结果的衡量，也是一个员工工作价值的体现，因此有效的监督要建立在维护员工工作热情的基础上，而这个基础则要通过肯定员工的工作价值来实现。

也就是说，管理者的监督行为要集中于员工的工作结果，而尽量地忽视对于工作过程的监督，这一方面可以通过对工作结果的肯定来激发员工的工作热情，提高生产的效率，另一方面可以有效地避免影响到员工的工作热情而降低了生产的效率。

引导团队的工作结果

企业管理者由于公务繁忙，很难抽出时间对所有员工的工作行为进行监督，当然这种监督往往并不能产生积极的作用。同时，在一天的工作结束之后，员工的工作成果会以数据的形式展现在管理者的面前，这就产生了一个统一的标准。

什么样的工作成果是值得肯定的，什么样的工作成果是应该继续努力的，不仅对于管理者而言一目了然，对于员工而言同样一目了然。也就是说通过公开员工的工作成果，形成一种集体内部自发的竞争意识，让员工自主地意识到自己的工作成果的价值，并进而做出努力或者提升，这是一种企业管理的智慧所在。

同时，在这种氛围中，管理者要具有统筹大局并影响个体的能力，对于工作成果一般或者落后的员工而言，管理者要能够通过肯定员工的工作价值，激发员工的工作热情并维护工作成果。简而言之，通过鼓励先进的方式更能带动落后员工的发展，而对于明显落后的员工要采取单独谈话等方式维护员工的尊严，并进而采取激励的措施维护与强化员工的工作热情。

对于一个管理者而言，要树立一个勤劳的管理者形象并不难，但偷懒并不一定就是坏事，如果偷懒可以放松员工的心情并维护生产的效率，那么这种偷懒的行为就应该给予肯定。

从员工的角度出发，在一天的工作过程中，员工很容易因为重复枯燥的企业工作而疲惫，此时的偷懒往往具有积极的作用：一方面可以放松自己的心情，使积极的工作状态得到维持；另一方面这种忙里偷闲的工作方式，还有利于提升工作内容的趣味性，有力地维持了员工的工作热情。

所以，对于企业发展而言，管理者与员工应该处于一种相互理解并相互支持的立场，在这种立场下建立起更加稳固的合作关系。这是一种对于工作结果的把握，如果员工能够在工作过程中忙里偷闲，既放松了心情又保证了工作的成果，那么作为管理者，又何乐而不为呢？

Part 11 第十一部分

激励的常识

对于企业而言，利益永远是企业考虑的要素之一，然而影响企业利益的因素有很多，如制度、管理、员工的工作状态等。而员工是否能在规定的时间内保质和保量地完成他们的工作，是企业能否获取利益的关键所在。所以，保持员工热情的工作态度，维持以及提高员工的工作效率就成为企业发展必须要解决的问题。

◎ 如何做到有效的监督和激励

当人们知道自己的工作成绩会受到检查的时候就会加倍努力。这一原则又叫“赫勒法则”，它由英国管理学家 H. 赫勒提出。“赫勒法则”向我们提示了人的惰性的存在，同时也提出了避免人产生惰性的方法，那就是有效的监督与激励。

在管理的过程中，管理的主体以及客体都是人，要充分认识到人惰性的存在，并施以有效的监督与激励，这样才能发挥出主客体的最大能量，为发展创造动力。

缺乏监督就催生懒惰

很早之前，豆浆的磨制是一个很复杂的过程，这需要人们将豆子放进磨石中不断地磨，耗费了很大的体力。后来人们让驴来拉磨，节省了很多时间，但是，很快人们就发现，驴在干活时总是走走停停，如果总是有人在一旁驱赶着驴行动的话，也会造成很大的浪费。于是，人们想出了不同的方式让它自己拉磨。

比如，一开始有人在旁边看着驴，一旦它放慢了速度就会受到鞭打，这样它就不敢停下来。在经历多次重复之后，给驴戴上眼罩，这样它就会以为旁边有人监督，只要自己停下来，就会受到鞭打，它就会卖力地干活。而人就能够腾出时间去做自己想做的事情，这样就节省了大量的时间。

但是，贪婪的人们不但让驴日夜不停地工作，还不给它提供充足的食物，最终就会导致它筋疲力尽劳累过度而死。由于没有足够的钱再买一头驴，人不得不自己拉磨，这不但降低了工作的效率，同时还浪费了大量的时间，得不偿失。这表明，激励的基础是什么呢？既是监督，又是补偿，激励必须基于双向需求的满足才能起作用。

从这个故事中，我们可以看出，如果没人监视，驴就很容易由于懒惰而停止工作。人跟动物一样，在失去目标或者失去关注的时候，都会不可避免地产生惰性。人都是有惰性的，尤其在失去目标或者无人关注的情况下，这种惰性就会强烈地表现出来。

试想一下，如果你的工作不能让你实现自我的价值，上司对你的工作成果也不关注，你还会努力地去工作？我想，大多数人在面临这种情况的时候，会选择寻找另一份工作。

有效监督可以使员工产生满足感

作为企业来讲，使员工失去奋斗的目标而离开企业另谋出路，是企业失败的表现，那么如何才能“留住”员工，并使员工保持积极的工作状态？

听到这个观点，你或许会非常惊讶，监督与员工的满足感之间有什么联系？难道员工会因为被人监督而产生满足感？这真是一个让人费解的观点。

要想弄清这个观点，首先要弄清员工在企业中发展的目的。每个人在选择一份工作的时候，都会抱有一定的目的，为了实现自己的某种事业愿望，为了体现自身的价值或者是为了寻求物质上的巨大满足。每一个员工都知道，要想实现这样的目的，必须要通过优质地完成工作来实现。当你的工作能力达到一定的标准，你的职位会得到晋升，这可以满足你事业上的愿望，并体现出自身的价值。你的工资会提高，这会满足你物质上的需求。

那么，这种满足感与监督之间有着什么样的联系？

员工通过自身努力地工作，可以促进企业的发展，这在企业高度上保持了员工与企业的共同利益。员工付出多少努力，就应该得到相应的报酬或者待遇，如果一个企业忽视了员工所创造的价值，对员工的付出视而不见，就很容易使员工对自身创造的价值产生怀疑，进而怀疑自己的工作能力。最终使员工陷入痛苦的挣扎中，而这些都会以懒惰的形式表现出来。“既然老板对我的努力视而不见，我也不会因为努力工作而获得相应的报酬，那我为什么不让自己过得舒服一点儿？”

这样，员工就会出现懒惰的行为，对工作敷衍搪塞，草草了事，最终使企业利益蒙受损失。当员工处于这样的状态中时，他会有这样的心理感触：我已经不重要了，我的价值并不让人满意，所有人都不会意识到我的存在。不难看出这样的心理感触包含了恐惧、失望、悲伤以及自我的否定，这样的情绪状态并不单单会对企业的利润产生影响，更会对员工自身发展产生不可磨灭的影响。

通过有效的监督，可以很好地避免这一点。有效的监督并非是你想象中每天都盯着员工，看员工是否在认真工作，员工是否在偷懒，我是否应该去催促一下。这种监督非但不会产生很好的结果，反而会使员工产生排斥感，无法正常地工作。

有效的监督指的是通过建立业绩考核标准，对员工的工作做出表扬或者引导。当员工保质保量甚至超额完成任务的时候，管理者要适时地提出表扬，这样可以使员工意识到企业对于员工的关注，从而产生满足感，进而转化为积极的工作状态。当员工没有完成生产任务的时候，管理者要采取合适的方式，引导员工解决所面临的问题，使员工感受到企业对其的关怀，这样才能使“问题员工”恢复到正常的工作状态。

人都有被尊重的需求，员工也是如此。企业通过有效的监督，对于员工的工作表示充分的认可，或者给予关怀是企业尊重员工的表现，这样员工就会在企业的“监督”下感到满足。

激励的目的是保持员工最佳的工作状态

对于企业而言，利益永远是企业考虑的要素之一，然而影响企业利益的因素有很多，如制度、管理、员工的工作状态等。而员工是否能在规定的时间内保质和保量地完成他们的工作，是企业能否获取利益的关键所在。所以，保持员工热情的工作态度，维持以及提高员工的工作效率就成为企业发展必须要解决的问题。

科学的激励机制不失为影响以及引导员工行为的最好方法。激励的目的在于提高员工的工作热情，并最终影响员工的工作效率。所以，激励机制所采取的措施都要围绕这个主题，一旦产生偏差，对员工的积极性产生错误的引导，激励机制就失去了它最终的意义。所以，管理者要注意以下几点：

1. 要建立公平、公正的管理制度

公平、公正是员工在企业生活中最本质的诉求，一个公平公正的企业环境才能使员工具备最起码的发展前景，才能给员工以期待，最终使员工处于积极的工作状态之中。同时，公平、公正的管理制度，也是企业发展最根本的要求。一个不具备公平公正原则的企业，很容易由于制度混乱而造成管理混乱，这将对企业产生深远的影响，绝非只是影响到员工工作热情这么简单。同时，在制度的施行中，要充分考虑对员工的影响，做到“冷制度”“热管理”，这样更有利于制度的顺利施行，同时也将对员工的影响降到最低。

2. 要建立科学的奖惩制度

如果员工的工作结果没有得到管理者的关注，很容易对企业、管理者甚至对自己失去信心，从而产生不利的影响。同时，如果问题员工没有被及时

发现，并给予正确的指引与纠正，很容易产生错误的观念并对周围员工产生消极的影响。奖惩制度的建立要具备合理性，奖惩要适度，过高的奖励会使员工产生高傲、自负的情绪，不利于员工的工作。当然，过度的惩戒，会对员工的自尊心产生损害，如果对此把握不好的话，很可能会产生无法弥补的损失。

3. 对不同的员工区别对待，制度与关怀并举

企业中的员工总是形形色色，每个人都会有不同的性格和需求，要满足这些不同的需求，企业必须采取不同的措施区别对待，才能创建一个积极向上的工作氛围。制度的施行要坚持“冷原则”，任何触犯或违反制度的行为都要受到应有的惩罚，任何对制度做出贡献的行为都要受到相应的奖励，这样才能维护制度的威严。

同时，我们在惩罚不正当行为的时候，要对下属施以情感的关怀，如果你只是冷冷地对员工说“拿着这个单子，去财务交罚款吧”，或者对他们大骂一顿，都只会激发员工的抵触情绪，不利于激励的施行。

如果管理者能注意到员工的情绪，并以其不同的性格施以不同的态度，这样就很容易使员工充分认识到自身的错误，并且积极地进行改正。

◎ 再好的人才，也需要给他准备一些“马蝇”

这一条激励的常识又叫作“马蝇效应”，它来自于美国历史上最伟大的总统之一林肯。在1860年的总统选举之后，当时有一个非常有能力的参议员叫作蔡斯，他非常想进入白宫，可是后来林肯只任命他为财政部长，并且希望他收敛自己狂妄的本性，这让蔡斯怀恨在心。

当《纽约时报》的主编亨利·雷蒙特来采访林肯问及此事的时候，林肯总统就说起了他小时候一次与哥哥犁地的事情。犁地的马很可能因为慵懒而速度缓慢，如果这个时候有一只马蝇落在它的身上，马就会因为疼痛而狂奔，这样犁地的速度就会加快了。

激励需要不同的方式

从“马蝇效应”中我们可以看出，适当的方式可以使马儿更加卖力地工作。在企业管理的过程中，管理者也要掌握一些与“马蝇效应”类似的方式来激励员工，提高员工的工作效率。然而，激励并非一件容易的事，在企业生活中员工因为个体的不同，而具备了不同的性格以及价值倾向，对于不同的员工，也要采取不同的方式对待，才能真正达到激励的效果。

同时，“马蝇效应”运用了疼痛感使马快速地奔跑，然而在企业管理的过程中，如果仅仅只是运用惩罚措施来激励员工，很可能适得其反。试想，如果马的身体上落满了马蝇，它很可能因为过于疼痛而四处逃窜，失去了方向，这样对于犁地的农夫来说是非常不利的。

在我的朋友史特思的企业中，就曾发生过这样的事情，史特思是一个非常成功的年轻企业家。凭借着自己优秀的管理才能，他曾经在很多大型的企业中担任重要职务，然而就在他的事业处于巅峰状态的时候，史特思却出乎所有人意料地选择了辞职。

之后，史特思集结了很多朋友，开创了他人生中属于自己的第一份事业。凭借自己多年的管理经验以及在商界铺垫的人际基础，史特思的企业发展速度异常惊人。《纽约时报》还曾经将史特思的企业评价为“最具发展潜力的企业之一”。就是如此成功的一个企业家曾经也犯下了一个让自己备感遗憾的失误。

在史特思企业发展的过程中，他发现并且重用了很多来自于基层的优秀员工，一段时间之后，这些被重用的员工在获取了巨大的人际关系资源以及管理能力之后，都不同程度地出现了狂妄自负的现象。对于深谙激励之道的史特思来说，这原本是一件并不困难的事情。很多自负狂妄的员工，在史特思的管理指导下都做出了令人满意的改变。然而，他的助手马特却发生了一件让他感到很遗憾的事。

马特是一个能力非常强的员工，但当时企业中很多的管理者都建议史特思要慎用马特，因为以这个人的能力，他很可能超越或者取代史特思的地位。

马特的确是一个非常狂妄的人，在很多问题上总是保持自己的观点，甚至不惜与股东们产生争执。我们的身边会有许多这样的人，他们十分自负，并且听不进不同意见。

史特思意识到了马特存在的问题，于是将他调去人事部担任主管一职。这对于马特来说简直就是大材小用。在他表现出自负的情况时，史特思就会给他施加压力，并处处钳制他的工作，这让马特感到非常压抑与愤怒。

在当了几个月的人事主管之后，马特不但没有做出任何改变，反而做出了让人意想不到的事情。他辞去了职务，返回了自己的家乡，在父亲的帮助下创办了一家小型公司。事实上，这家公司的发展步履艰难，生存都很困难，就不要提什么发展壮大了。

对于此事，史特思一直感到自责与羞愧，他说："事实上，并不是我高估了马特的承受能力，而是高估了我自己的判断。

"从表面上看，马特的确是一个承受能力很强的员工，但是，我现在了解到，马特在很小的时候就失去了母亲，这件事对他的影响非常大。他之所以会表现出自负狂妄的情绪，现在看来绝大部分是出于他自卫的本能。而作为管理者的我并没有发现这些，我甚至没有试图与他谈论情感上的问题，不得不说这是我的失误，我应该为马特现在的处境担负责任。"

从这个实例中我们不难看出人才对于企业发展的重要性，同时，不同的激励方式也会产生不同的效果。不同的员工在物质以及精神上都有着不同的需求，管理者只有在充分了解这些情况之后，才能找到最适合的方式激励员工改正自身的缺点。当然，现在在史特思的帮助下，马特的企业已经逐渐地恢复正常。

作为企业的管理者，首先要找到能够为企业发展带来强劲动力的“马”。通常情况下，这样的“马”指的是那些优秀的员工或者有才能的管理者。当然，这并非让你忽视绝大部分的普通员工，因为，在任何时候任何情况下，绝大部分的普通员工都是企业发展的中流砥柱，是企业发展不可或缺的部分。

在一切情况下，这些具备较高工作能力的“马”会出现“懒惰”的现象，这样的员工包括两种，一种是有优势有背景的员工，另一种则是想跳槽的员工。在“优势”以及“另谋出路”的影响下，这样的员工很容易出现“懒惰”的现象，这时就要及时找到能推促使“马”卖力前进的“马蝇”，解决企业将要面临的问题。

对于有优势以及有背景的员工来讲，他们在某些方面或者某个工作的流程上，具备了普通员工无法超越的能力。这样的背景虽然在某些方面会引发员工的高傲心态，使员工之间的交流合作出现阻碍，但是，不得不说在处理某些工作方面他们具有非常大的优势，有时一件非常麻烦的工作，在他们看来也只不过是一句话的事。这样特殊的身份，不但使他们在工作上异常顺利，同时，在面临惩罚的时候，他们也会借助自身的背景来逃避惩罚。这样就不可避免地对其他员工的工作热情产生影响，因为在取得相同的业绩或者犯了相同的错误之后，你与他们之间总是存在着赏罚上的差异。

对于能力上有优势的员工来讲，他们在以往的工作过程中，积累了大量的经验以及客户关系，使得他们在处理问题或者完成工作任务时，总是显得轻松自如。这样的优势使他们极易产生高傲、自负的心态，甚至不将领导放在眼里。虽然他们是企业发展中不可多得的“精英”，但不得不说，很多时候，他们会成为团队冲突的源头。

另外一种就是准备跳槽的员工，这样的员工具有很强的占有欲，尤其在物质、权力方面表现得更为突出。在企业工作的过程中，一旦出现诱人的“橄榄枝”，他们很容易就会动摇。不容忽视的是，在这些“军心不稳”的跳槽队伍中，有相当一部分具备着某一或者某些方面的优势。

“人往高处走，水往低处流。”这本来是一件正常的事，对企业的发展不会产生太大的影响，任何人都不要以为自己是企业成败的关键所在，因为企业的发展不可能依靠一个人的力量就能完成。在面对这种“人才流失”的情况时，企业更多时候会选择默然地接受。然而，有一部分人，出于报复心理，会做出一些有违道德的事情。比如，有的人在跳槽之前，会表现出极度的反抗情绪，将规章制度视为一纸空文，甚至直接与领导产生冲突，这样就会对企业的管理工作造成危害。

促使员工改正弱点，避免他成为“害群之马”

不难看出，这些所谓的“人才”之所以出现高傲、自负以及报复心理，大部分因为他们强烈的欲望，不论是对于金钱、利益或者权力，他们都有极度强烈的欲望。这不但是人才走向自负的诱因，同时也是他们的弱点之所在，只要抓住这个弱点，灵活地运用“马蝇效应”，就可以避免他们的行为对企业产生不利的影响。

首先，对于有背景的员工来说，对他们的奖惩要适度，同时要与其保持一定的距离。当这类型的员工创造了优秀的业绩后，对他的奖赏一定要适度，因为以其特殊的背景，很容易让别人产生误解。“这样的奖赏是不是有点儿过分”“如果是我，肯定得不到这样的奖赏吧”“这简直就是对我们的蔑视”这样的言论一旦形成，就很容易在企业内部泛滥开来，对企业的形象以及员工工作的积极性，都会产生负面的影响。

同时，要与这类型的员工保持一定的距离，让这类型的员工感到若即若离，这样能使他们正视自己的能力，对自身做出正确的评价，就避免了自负自大的心理。如果这类型的员工在工作中表现平平，并总是以自己强大的背景自居，此时作为管理者一定不能姑息养奸，要知道所有的员工都在注视着你，你的处理办法将会对他们的态度产生重要的影响。

对于有优势的员工来讲，思想工作尤为重要，同时要伴以楷模的影响力。这类型的员工的自负，来自于自身的能力，他们总是要挑战更高难度的工作以及人物，来满足自己的虚荣。同时由于专注于工作，他们在思想认识上总会产生偏差，如果管理者能准确地洞察到这一点，可以试着与这类型的员工做一次思想上的交流。

有时候，这类型的员工之所以会表现出自负的状态，只是为了引起别人或老板的注意，这看上去很不可思议，却是企业中普遍存在的现象。同时，树立楷模，可以使这类型的员工真切地感受到自身的不足，尤其是如果这个楷模正是他的上司，这样的效果就更为明显，因为这类型的员工有一个通性，他们不乐意在能力不及自己的上司手下工作。

从企业的角度去看待这样的问题，不得不说企业也应该为这种问题的产生担负起一定的责任。任何员工，在进入企业的初期大都不具备这样的特质，而在企业发展的过程中，居然形成了这样的“陋习”。究其原因就在于，企业的制度没有得到有力而深化的施行，尤其对于发展中的企业来讲，这样的现象更为平凡。由于管理者固执地追求利益，而忽视了制度的重要性，员工在表现出自负情绪的时候，企业制度没有给予合理的惩戒，导致了员工对此产生错误的认识。企业的制度应该渗透到企业工作的方方面面，细致入微地对员工的行为进行约束与指导，只有这样才能从根本上杜绝这样的现象发生。

◎ 如何奖励才最有效

这一条关于奖励的常识，又叫作“德西效应”。它是指在某些情况下，人们在外在报酬和内在报酬兼得的时候，不但不会增强工作动机，反而会减低工作动机。

德西曾经做过这样一个实验，来证明奖励对于学生解题兴趣的影响。首先，他选定了一批非常具有趣味性的题目，并选定一批学习成绩相似的学生作为实验的对象，在实验的第一阶段所有参与解题的学生都没有得到任何奖励，学生们表现出相同的解题兴趣，没有任何异常。

在第二阶段，德西将参与实验的学生分为两组，一组为奖励组，另一组则保持不变，不给予任何奖励，奖励组的同学在完成一道题目之后，就会获得一美元的奖励，另一组学生没有任何奖励，然后学生们继续解题。

进入实验的第三阶段后，研究人员告诉学生现在可以想做什么就做什么，不会受到任何约束，并通过观察学生是否仍在解题，来判断学生对继续解题的兴趣。结果发现，无奖励组的学生比奖励组的学生花了更多的时间解题，也就是说奖励的措施减弱了学生们的解题兴趣。

由此德西认为，当一个人进行一项愉快的活动时，额外的奖励会降低活动本身所具有的吸引力，使其注意力发生转移，进而无法继续从事活动。对于企业管理而言，如果员工本身从事的工作是愉快的、有效的、能够激发员工工作热情的，那么额外的奖励就很可能使员工对自身从事的工作失去兴趣，而将注意力集中在奖励内容上，一旦这种奖励逐渐降低或者消失，那么员工从事这项工作的兴趣就会被严重地打消掉了。

不要让奖励反而成为阻力

对于做出贡献或者完成任务的个体或组织实施奖励，是企业发展中必要的措施，它可以维持或者激发员工继续保持工作状态的情绪，使整个企业处于积极向上的工作氛围中，促进企业长久有效地发展。

然而，通过“德西效应”我们可以看出，不适当的奖励可能会对员工的发展产生消极的影响。我们通过一个简单的事例来说明。

爱德华是一个调皮的孩子，他的母亲对此感到非常头疼，因为每当爱德华放学回家就会在院子里踢一个坏掉的垃圾桶，这让休息中的母亲感到非常气愤。母亲试图将垃圾桶挪走，但又担心这样会使年幼的爱德华产生反抗情绪，不利于母子之间和谐的关系。最终，母亲想到了一个有效的办法来解决这个问题。

第一天，爱德华放学回家之后，母亲主动陪他来到院子里并告诉爱德华：“这真是一个愉快的游戏，如果你能将垃圾桶踢出三米远的距离，我将奖励你一盒巧克力。”爱德华听到之后非常兴奋，于是他卖力地踢了很久，终于将垃圾桶踢到了三米之外，如愿以偿地得到了一盒巧克力。

第二天，母亲同样带着他来到院子，并告诉爱德华：“如果你仍能踢出三米之外，那么今天我将奖励你一袋夹心饼干。”虽然比起巧克力来，夹心饼干的吸引力显得有些微弱，但爱德华仍旧将垃圾桶踢出了三米之外。

第三天，母亲告诉爱德华：“今天，你将得到两粒花生米。”爱德华听到之后非常不满，为了两粒花生米而费力地将垃圾桶踢出三米远的距离，这简直太不划算了，于是爱德华放弃了，之后他再也没有在院子里踢过那个坏掉的垃圾桶。

由此我们可以看出，奖励的措施不断缩小，会导致人们对于所从事的工作逐渐地失去兴趣，这是一种内在的价值判定。人们通常以奖励的内容作为工作价值的体现，相应的奖励就意味着相应的价值，当奖励逐渐缩小时，这种认定的价值就会逐渐缩小，人们就会对所从事的工作失去兴趣。在企业管理中，合理地运用奖励的措施来激发员工的工作热情，是管理者必备的能力，要想实现有效的奖励，管理者需要注意以下几个方面：

1. 奖励内容的递增性

对于奖励而言，一个聪明的管理者不会在一开始就将所有可奖励的东西全部奖励给员工，奖励是一个持续的过程，要想持续地激发员工的热情就要不断地奖励。然而，通过上面的内容我们知道，一旦奖励的内容逐渐减弱，员工就会对所从事的工作失去兴趣，从内心否定工作的价值。

2. 在适合的岗位上才能产生合适的价值判定

也就是说，要使员工的工作内容与员工的性格、价值观以及发展趋向相融合。在一个适合自己发展的工作职位中，员工自身就能有效激发出积极的工作情绪，这对于维持企业效益，促进企业发展，发挥着重要的作用。员工的职位可以体现出员工的性格、气质以及价值取向，这就要求管理者可以清晰地判定员工的性格。一个沉默寡言的人，很难在销售管理方面做出让人吃惊的业绩。同样，一个积极开朗活泼好动的员工在文秘、出纳方面同样不会有大的发展。

3. 刺激员工对于目前从事的工作产生兴趣

在企业管理中，并非所有的员工都能够处于最佳的工作职位，这需要通过努力发展来提升自己的能力才能最终实现。这需要经历一个员工并不感兴趣的工作过程，在这个过程中通过有效的奖励来刺激员工对于工作的态度，使其对目前的工作产生重视，并在意识上肯定自己的工作价值，这样才能有效地维持员工的工作热情。当一份工作对员工无法产生吸引力的时候，奖励可以增加工作的感受价值，使员工从内心接受这份有价值的工作。

怎样塑造员工的进取意识

通过“德西效应”的影响，我们可以看出，在企业管理的过程中，管理者与员工之间存在着合作的关系，要维持这样的合作关系，就需要使员工在意识层面接受这种合作关系，只有当员工感受到合作所带来的成就感、愉悦感，才能真正激发员工参与工作、参与合作的热情，才能真正有效地保持企业发展的动力。

要激发并维持员工的这种热情，可以通过以下几个方面来实现：

1. 基础保障

当员工意识到可以在企业发展中成就自身目标时，基础的保障尤为重要，它对员工保持热情的工作态度产生了重要的影响。这就好比精神与物质之间的关系，精神动力固然强大，但失去物质基础的精神是无法存在的，只有提供了有效的物质保障才能促进精神的发展，促进员工的进步。

2. 有效的晋升与发展空间

这包括员工的薪资、待遇、工作内容、发展空间等问题，要从各方面因素入手，努力为员工创建一个可实现的目标与期望。一个充满前景与激情的工作环境，很容易让员工感受到自身所具有的潜力，以及环境所赋予的发展空间。当员工认为他可以在企业中实现自身的发展目标时，那么他在企业中的工作状态就一定会是积极的。

3. 塑造他们的成就感

成就感来源于两方面的内容，一方面来源于员工对工作本身的认知理解，另一方面来源于企业所赋予的工作价值。当员工认为自己在从事一项有价值的工作时，就很容易在工作过程中不断地获取到工作的成就感，促进员工自身的发展。同时，企业要配合这种成就感的提升，给予鼓励或者奖励，通过这些措施提升成就感的内容与质量，使得员工在完成工作内容之后，可以深刻地感受到自身为企业发展做出的贡献，并进而产生持续而有效的工作热情。

被动地接受与主动寻求之间有着明显的差异，当员工开始主动地寻求自身与企业发展以及工作行为之间的关系时，就很容易从员工自身迸发出强烈的求知欲望，并进而积极地参与工作。所以，对于企业管理而言，要不停地培养员工自主的意识，使员工自身融入并接受企业环境，进而与企业成为统一的整体，这样才能在真正意义上实现员工与管理者之间的合作关系，才能有力地推动我们企业的发展。

Part 12 第十二部分

企业文化的常识

一个没有优势或者不能发现自身优势的企业，是无法在激烈的市场竞争中长久发展的。发现自身的优势并以此树立企业的核心价值观念，通过管理等手段不断地强化核心价值观念在企业发展中的地位，强化自身的优势，这样才能实现企业的持久发展。

◎ 最宝贵的财富——企业文化

企业的经营思想、企业精神和企业目标远远比技术资源、企业结构、发明创造及随机决策重要得多。这一常识又叫“沃森定律”，它强调了企业文化对于企业发展的关键作用，企业文化的内涵是企业的核心理念、经营哲学、管理方式、用人机制、行为准则的总和，它在全局的高度引领了企业发展的方向，规范了员工和企业的行为。

为什么要建立企业文化?

员工在企业的工作过程，是企业与员工相互渗透、相互影响的过程。在这个过程中，企业文化引领了员工以及企业发展的方向，并对发展中的员工以及企业行为做出规范。这就使得员工与企业之间的关系可以维持在一个相对稳定而融洽的状态，有利于实现员工与企业的共同发展。

企业文化并非一朝一夕就可以建立的，它不同于口号，在企业工作的过程中，组织或者管理者会提出某个相应的口号，以此来激励员工奋发努力，实现组织目标。口号具有时限性，而且往往只能对相应任务下的员工行为进行规范。例如，当员工在完成某个重大的生产任务时，管理者提出“加紧生产，提高效率”的口号，在完成这项任务之后比如在生产淡季这样的口号就会失去效应。而企业文化是一种积淀的、长久的、广泛的企业核心价值观念，它从全局的角度，对所有企业以及员工的行为做出规范，并使得企业文化在规范的过程中得到深化以及发展。

企业文化的形成，来源于企业的核心价值观念，对于服务类型的企业而言，如何更好地服务就是企业的核心价值观念。围绕核心价值观念展开的企业行为，要能够有效地维护并发展核心价值观念的内容，也就是说，企业文化一旦确定就不能轻易地进行改动，并且要建立机制维护并巩固企业文化的核心地位。企业文化在很多方面对企业产生着积极的、深刻的影响：

1. 方向性

企业文化所代表的企业核心价值观念，给企业的整体发展提出了清晰的方向，并在实现企业目标的过程中，为所有的企业行为指明方向。它可以清晰地体现出什么样的企业行为是正确的、积极的，什么样的企业行为会对企业发展产生消极的影响。

2. 规范性

企业文化不同于规章制度，它更强调从情感需求、企业氛围领域引导企业行为，但规章制度的建立要围绕企业文化的核心展开，这样才能使制度与需求相结合。通过制度与企业文化的结合，有效地规范企业行为，使得企业行为与企业发展的方向相融合，这样才能有力地推动企业以及员工的发展，使之成为一个为了共同目标而自发努力的整体。

3. 发展性

作为企业核心的价值观念，企业文化一旦确立就不能轻易地进行改变，但在企业发展的不同阶段，企业核心价值观念的内容会得到提升以及发展。也就是说企业文化具有发展性，在不同的发展阶段，要对企业文化的核心内容进行有效的提升与发展，对不同阶段的企业行为进行有效的指引。这样才能真正发挥核心价值观念的作用，促进企业的发展。

4. 同化作用

企业发展与员工的自我实现之间往往会产生矛盾，使得双方在发展的过程中背离了正确的发展方向。通过企业文化的影响，规范企业行为并指引员工发展，将企业发展与员工的自我实现有机地融合为一体。企业文化强调了员工对于企业发展的重要性，同时也从另一个角度体现出企业发展对于员工自我实现的重要性，在这样的相互促进、相互配合的过程中实现双方的共同发展。

怎样建立企业的核心价值观

对于企业的发展而言，核心价值观念就好比一个人最大的优势，通过发现并强化自身的优势来提升自己的竞争力是一种正确的自我认知。一个没有优势或者不能发现自身优势的企业，是无法在激烈的市场竞争中长久发展的。发现自身的优势并以此树立企业的核心价值观念，通过管理等手段不断地强化核心价值观念在企业发展中的地位，强化自身的优势，这样才能实现企业的持久发展。

在世界级企业微软公司的发展中，我们可以清晰地看到企业文化对于微软发展所产生的重要影响。在长久的积累中，微软形成了一种开放的、发展的、独具微软魅力的企业文化，培养出从长远角度考虑不轻易放弃的精神。

在这种精神的推动下，windows 2000 在历经磨难与失败之后终于诞生，这是微软发展中的一次大的转折点，它确立了微软在操作系统中的统治地位。当然，从微软的企业文化中我们可以看出，windows 2000 只是一个起点，它并不意味着努力的结束。在这样的企业文化的影响下，微软所具有的拼搏精神得到了延续，新的操作系统一定会诞生而且会成为下一个新的起点，事实就是如此，windows xp、windows vista、windows7……微软的发展一直持续不断。

那么，我们如何确立并强化企业核心价值观念，推动企业的发展？

首先，找到企业发展的核心价值。

这第一点并不难，对于服务类型的企业而言，服务就是企业发展的核心价值，对于生产类型的企业而言，生产就是企业发展的核心价值，核心价值与企业类型是紧密关联的。这就好比射击运动员在射击方面最有优势，在长跑方面就未必会有精彩的表现，所以，企业核心价值是很容易发现的。但这并非意味着以此为根基的企业文化就很容易实现，这是一个漫长而持久的过程。

其次，围绕核心价值开展企业行为，找到能够体现并推动核心价值的价值观念。

从企业的核心价值转变为企业的核心价值观念，是树立企业文化的关键所在，发现核心价值是一件简单的事情，然而将企业的核心价值观念体现在企业行为中却并非易事，这需要经历一个长久的过程。这需要企业在发展过程中，不断地寻找能够推动核心价值的价值观念，并以此来开展企业的运营，来强化核心价值观念在企业管理中至高无上的地位。

例如，一个生产类型的企业，它的核心价值在于生产，要运用核心价值观念，使得企业行为体现并推动核心价值。这就需要在企业的生产过程中，找到能够实现价值观念的突破口，创新、传统、市场等，都可能成为企业的核心价值观念。在企业发展的过程中找到这样的突破口，将其放大成为企业发展的价值观念，进而影响企业行为，促进企业发展。在这个过程中有几点需要明确，它将影响到企业核心价值观念的顺利施行：

1. 核心价值观念能长远地影响企业的核心价值

核心价值观念对于核心价值的影响，并非自然成立。在企业发展的过程中，一旦将核心价值观念定位失误或者出现某些隐含的不足，那么在企业发展中，这些失误或者不足就会持续地被强化，进而偏离了核心价值，企业发展也就偏离了正确的轨迹。

2. 核心价值观念能够满足绝大部分企业行为的要求

这来自于企业自身对于核心价值观念的定位，以自身实际为出发点，寻求最适合自身发展的核心价值，而非超越现实的理想主义。这就好比一个生产型企业，它的技术、资金以及人才资源都没有达到要求，企业发展却将改进技术作为核心的价值观念，使得企业在发展中逐渐失去了竞争的优势。

3. 具备发展性与持续性要求

企业核心价值观念的确立，会产生一系列的企业行为与之相符合，推动核心价值观念的发展。在这个过程中，核心价值观念的确立要从长远的角度考虑，以企业实际为根基，找到最有力的突破口，实现核心价值观念对于企业发展的推动影响。发展性是一种展望，它可以引领企业的未来发展。而持续性则要考虑企业实际以及所蕴含的潜力，通过这两方面的衡量做出最佳的选择，使得企业的发展成为一种可发展、可持续的行为。

作用：对员工行为的规范

当企业具备了核心价值观念的因素，也就是企业文化已经对企业行为产生影响的时候，企业行为会自发地受到企业文化的影响，并不断地巩固完善企业文化的内容，使得企业得到持续性的发展，这体现了企业文化是企业发展最根本的推动力。

我们知道，在一个积极的氛围中，个体的行为会受到环境的影响，不断地适应环境并进而推动环境的发展。也就是说，当企业氛围积极而有效的时候，员工的行为就会自发地适应这种氛围，并在不断工作的过程中，对企业氛围产生积极的影响。

企业文化促使企业行为在一个特定的、有效的、发展的环境中持续发展。

它迅速地将企业统一为一个有机的整体，所有的企业行为都在企业文化的影响下做出调整，适应并发展企业文化的内容。当然，这种影响并非绝对，企业文化对于个体行为的影响，同样也会受到外界因素的影响而发生改变。比如我们之前了解过的“坏苹果员工”“污水员工”等，他们在企业工作的过程中，某些特质会影响到集体的行为，使集体行为偏向坏的方向发展。所以作为管理者，要对个体行为进行有效的规范指引，才能有效地维持企业文化对于企业发展的积极作用。

1. 制度规范

制度规范要体现企业文化的内容，从制度的高度约束并指引员工行为，维护企业文化的发展。制度对于企业文化的影响是关键性的，作为企业行为的最高标准，制度规范对员工行为的影响是最有力的，它可以有效地纠正员工的错误行为，并保证积极行为的顺利施展，这从根本上体现了企业文化的高度与重要性。

2. 维护企业环境与团队氛围

环境与氛围对于企业行为的影响也是至关重要的，企业核心价值观念的体现是全方位的，它渗透于企业发展的各个方面，一个代表科技、先进、发展的企业，它的环境要素就要体现出现代性、时代性的要求，从整体上塑造一个发展科技的环境。同时，氛围所创造的环境同样要符合企业文化的要求，使企业整体处于企业文化的影响之下。

3. 恩威并重，奖励与惩罚并举，影响企业的行为

对于推动企业文化发展的行为，管理者要及时地给予奖励认可，树立行为榜样引导企业行为。同时，另一方面，要有效地制止消极行为的影响，及时有效地将消极行为消除在萌芽状态，维护企业文化的核心地位。

企业文化对于企业发展的影响是无可取代的。在企业文化的推动下，企业发展会进入一种常态化、正常化的发展道路，不仅使企业得到发展，更有

效地融洽了员工与企业之间的关系，使企业成为一个有机的整体。作为管理者，一定要意识到任何时候任何情况下，企业都应该而且必须要处于一种富有凝聚力的整体状态。

◎ 严肃的爱——企业文化在管理中的体现

企业的管理者要满足员工合情合理的要求，否则将没有人愿意为经营者工作，因为管理是一种严肃的爱。它是由美国国际农机商用公司董事长西洛斯·梅考克提出的一项管理常识，因此又被称为“梅考克法则”。

在企业管理中，严肃的管理态度是实现企业发展必要的手段，失去了严肃的管理态度，企业就很容易成为一盘散沙，失去竞争力。然而，企业管理者对于严肃的理解往往进入误区，成为一种冷酷的管理方式，这种管理方式很容易伤及员工的情感，进而无法积极地投入到日常工作中去。个体在企业中的发展，除了要实现自身的奋斗目标成就事业之外，更重要的在于自我实现的情感表达。

失去情感依托的员工不会具有真正的工作能力，而失去情感依托的企业也同样无法具备团结和谐的企业竞争力，这也就是我们经常在企业管理中提到的“冷制度，热管理”的管理方式。它可以在对员工进行严肃管理的同时，拉近企业与员工之间的距离，使企业与员工之间建立起真正意义上的合作关系。

善待你的老员工

有一位渔夫，他有一群捕鱼技术高超的鸬鹚，每天鸬鹚都会捕到大量的鱼来供渔夫享用。渔夫因此对鸬鹚爱护有加，给它们提供舒适的窝棚以及新鲜的小鱼，鸬鹚与渔夫之间的关系和谐而美好。然而，随着鸬鹚一天天地变老，它们不能像以前那样捕到很多的鱼，有时甚至一条鱼都捕不到，这让渔夫感到非常不满。后来，渔夫买了几只小鸬鹚，在老鸬鹚的带领下它们很快就学会了捕鱼的技术，渔夫的鱼又慢慢地变多了，渔夫感到非常高兴。

小鸬鹚的待遇非常优厚，它们有着舒服的窝棚以及新鲜的小鱼，然而老鸬鹚实在太老了，终于它们无法出海，只能待在窝棚里面等待渔夫的救济。渔夫将老鸬鹚赶到一个又潮湿又脏乱的窝棚里，每天只给它们很少的臭鱼吃，甚至将其中的两只鸬鹚杀了炖了汤。

第二天，渔夫照常出海，然而小鸬鹚们怎么也不肯上船，它们集体罢工了。渔夫感到非常气愤，他对小鸬鹚们说："我给你们提供如此优厚的条件，舒适的窝棚，每顿饭都有新鲜的小鱼，你们竟然如此回报我！"这时一只小鸬鹚蹦出来对渔夫说："你虽然对我们很好，可是一旦我们老了，不能为你捕鱼了，你同样会把我们赶到又潮湿又脏乱的窝棚里，给我们吃已经臭掉的鱼，甚至会把我们杀了炖汤。"

从这个故事中我们可以看出，渔夫对待鸬鹚的态度随着鸬鹚捕鱼量的减少而发生了巨大的变化，这种功利性的变化使得小鸬鹚感到了不满。在企业管理中，渔夫就好比是企业的管理者，而鸬鹚则是企业的员工，员工在企业中的工作往往会受到管理者态度的影响，如果管理者像对待老鸬鹚那样对待老员工，必将会影响到员工对待企业的情感，进而使其无法维持积极的工作热情。

对于企业而言，对待员工的态度往往体现在老员工的身上，他们或许已经无法正常地完成工作，他们的疲惫低效甚至会给企业带来损失。在这个问题上，企业往往像渔夫那样忽视了老员工曾经为企业发展做出的贡献，只顾及眼前的利益，而给予老员工不公正的待遇。这样过分的功利性无法取得新员工的信任，最终只能导致"鸬鹚罢工"。

企业制度如同法律，神圣不可侵犯，任何员工以及领导阶层都不能凌驾于制度之上，这样的制度才能真正发挥其管理企业的作用，为企业发展创建一个公平、公正、和谐的氛围。然而，在管理的过程中，管理者往往在施行制度的过程中伤及员工的情感，使员工陷入工作的低潮，这同样会影响到企业的发展。

如何才能有效地平衡制度与员工情感之间的关系，使得严肃的制度得以顺利地施行？这就需要企业管理者运用激励机制，成功地激发员工的工作热情，实现“冷制度，热管理”，这样才能在管理过程中充分顾及员工的情感，有效地维护员工的工作热情。

冷制度，热管理

制度的威严是不能触犯的，一旦超越了制度的权限，制度就如同虚设，无法发挥积极的管理作用。然而，制度施行的过程却可以抛开“严肃的面纱”，它包含了管理者的情感、态度、能力以及胸襟，也就是“冷制度，热管理”的精髓所在。在管理的过程中，应该让员工充分感受到管理者的关怀与鼓励，在企业环境中形成一种稳固的情感关系，这样所引发的员工热情是无法超越的。员工同样是自身情感的主体，没有任何工作方式能够超越心甘情愿的工作态度，而引发这种态度的关键就在于管理者是否让员工感受到了你对员工的关怀。

维奇在他的企业中一直受到员工们的爱戴，在员工中人们更多地谈论的是维奇的日常生活或者爱好，而非枯燥乏味的工作生活。维奇感到非常愉快，因为在工作时间，虽然他严肃认真甚至有时过于苛刻，但他的员工总能够报以理解与支持，他的管理工作也因此能够顺利地完成。

或许你会觉得维奇太成功了，他的员工能这样忠心地为他工作，其实，这来源于一件工作中的小事。有一次，维奇企业中的一名老员工在酒醉之后与员工发生争执，按照制度的规定要做出开除的处分。维奇没有丝毫犹豫就下达了处理决定。这是他一贯的作风，然而老员工在受到处分之后表现得非常气愤，因为他曾经为企业的发展做出过巨大的贡献。

维奇在了解了情况之后发现，这名老员工刚刚离婚，父亲也刚刚去世，这使他情绪上受到很大刺激，因而发生了上面一系列的违规行为。于是，他来到这名老员工面前对他说："你触犯了制度，这一点我无法帮助你，但是我不会让曾经在企业中做出贡献的老员工居无定所、生活窘迫。"

最后，他安排那位老员工在自己的另一家公司任职主管，这件事在企业中广泛流传，这让员工们感到非常亲切，大家都相信在维奇的企业中可以得到长远的发展。

从这个事例中我们可以看出，员工与管理者之间建立平等互信的关系，对于企业的发展而言至关重要。对于员工的激励会增加员工的工作热情，提高员工的工作效率，然而在现实的企业管理中，管理者的激励措施往往不能起到有效的作用。导致这种现象的原因是多方面的，管理者在实施激励机制的时候要注意到以下几点：

1. 目标激励

目标可以为员工的工作指明方向，同时达成目标之后的成就感同样会给予员工巨大的精神动力。在实施目标激励的过程中，要注意到以下几点：

（1）目标要明确。一个明确的方向会产生明确、高效、持续的工作行为，目标不明确则会使员工在工作的过程中丧失方向感进而产生迷茫、懒散、消极等一系列的情绪。

（2）目标要具有适度的挑战性。对于提升员工工作热情而言，挑战性是激发员工斗志并进而形成工作热情的重要方面，一份没有挑战性的工作往往会降低员工的期待，这就会导致员工无法全身心地投入到工作中去。当然，如果目标的难度超越了员工的承受能力，这将会严重打击员工的自信心，甚至会使员工一蹶不振，失去斗志。

（3）目标之间要具有传递性、连贯性。在多目标的员工工作中，目标之间的传递性可以使员工的工作更加紧凑有效，这就好比在跑步的过程中，可以顺便在道路旁边的商店中购物一样，如果商店偏离了道路或者将员工引向了另一个方向，那么最终的目标就很可能无法完成。同时，连贯性的目标设置可以逐渐地提高员工处理问题的能力，目标的难度在一定范围内持续地提升，可以有效地激发员工的斗志，使员工积极地投入到日常工作中去，同时在循序渐进的过程中，员工自身的工作能力也得到了很好的发展。

2. 职务的设定要符合员工的性格

这一点在企业生活中往往被管理者忽视，使得员工处于一种不愉快的工作状态，这样也就无法创造出高效的工作成果。对于一个上进心强、风险意识高的人来说，财会、出纳的工作就不适合他的发展；同样对于一个性格内敛、追求稳定的员工而言，市场、管理同样也无法满足他的需求。根据员工的不同性格，合理地设定与之相符合的职位、使其处于一个愉快并顺畅的工作环境中，这样才能发挥员工的最大效能、激发员工的工作热情。

3. 奖励必不可少

奖励是企业对于员工行为最直接的肯定，受到奖励的员工会因此产生成就感并为继续满足这种成就感而努力工作。在奖励的过程中，管理者同样要注意以下几个方面：

（1）奖励制度要公平公正。奖励的前提即为公平，在一个公平公正的环境中受到奖励才可能激发员工的热情，一旦失去了公平公正的基础，奖励就会成为一种让人不齿的手段而使员工对企业产生不信任等负面情绪。

（2）奖励内容要广泛。企业通常将奖励的内容集中于物质上的待遇、薪资等的提升，然而，这些奖励措施并不能充分地满足员工情感上的需求。尊重、自我实现、价值体现、成就感，这些情感上的奖励往往能创造出更强烈的奖励效果。对于一个明智的管理者而言，善用奖励不在于奖励的多少或者方式，而在于你的奖励是否让员工对自身价值产生肯定，是否能满足员工自我实现的需求。

“管理是一种严肃的爱”，这包含了企业对员工的期待、信任和关怀，是一种鞭策下的员工发展状态，能够更好地建立起员工与企业之间的合作关系，促进双方的共同发展。同时，对于个体的发展而言，自我管理也应该这样，严肃地对待自身发展与问题，并通过自我谅解、自我约束进而形成促进自我发展的发展模式，这同样也是一种自我关怀的体现，更有利于实现自身的发展。

◎ 人性化管理——企业文化的内核

管理者应该多尊重和体恤员工，以下属为本，关心员工的日常生活以及工作中遇到的问题，这样人情化的管理更容易激发员工的感激之情，使其充满斗志地投入到工作中去。这就是“南风法则”，它向企业管理者展示了一种情感化、人情化的管理模式，这样的管理模式，在充分顾及员工的自尊以及情感的基础上，强化了企业管理的效果。

管理者严肃的管理方式、冷淡的态度以及不留情面的批评惩罚，成为企业管理者树立威严的一种方式，似乎管理者本来就应该与员工之间拉开距离，这样才会更有利于管理工作的施行。

不得不说，在企业管理中，管理者与员工之间保持适当的距离，对于管理工作确实发挥着重要的作用，然而，这并非意味着管理者与员工之间无法靠近。对于企业而言，员工是企业工作参与的主体，员工的工作状态关乎企业发展的命运，这也就形成了企业发展要以员工为本的管理方针，失去员工这一根本，企业就无法生存，更无法发展。

换位思考：切身体会员工的利益

松下公司的例子在这方面最具有典型性：20 世纪 30 年代，随着世界经济不景气的加剧，日本经济受到了严重的冲击，这导致很多企业面临破产的危机。在这样的情况下，大多数的企业都采取了诸如裁员、减薪、减产等方式来自保，松下作为知名的企业，同样受到了经济不景气的冲击，面临严峻的考验。

然而，松下却一反常态，并没有裁员，只是将员工工资与工作时间减半，并鼓励员工在工作之余推销松下的电器产品。这样的做法使得公司的员工感受到了企业对于他们的关怀，工作热情非常高涨，在短短的几个月中就将库存的电器销售一空。

在松下的成长过程中，曾经出现过很多次危机，然而松下并没有因此而采取裁员等方式单纯地维护企业自身的利益，事实上这样的方式反而更增强了松下的凝聚力，公司上下团结一心，化解了一次又一次的危机。

从松下的事例中我们可以看出，以员工为企业发展的根本，关注员工的发展以及所面临的问题，切身实地地从员工的角度考虑问题，无疑会增加企业与员工之间的凝聚力，建立起一种超越工作关系的合作关系。

这种合作关系，就如同我们的家庭关系一样牢固，在员工利益受到损害或者出现难以解决的问题时，企业首先从员工的利益出发考虑问题，这样专注员工的管理方式，反而使得企业的发展成为一种顺应民意的潮流，这正应了那句话“得人心者得天下”。

加固企业与员工的情感联系

对于企业发展而言，企业与员工之间牢固的合作关系可以促进我们企业的发展，避免不必要的问题发生，为企业节省财力以及时间。或许你已经注意到这样一个现象，当两个小兄弟在吵架的时候，他们相互之间的关系往往会显得非常差，甚至不惜大打出手。然而即便如此，如果有另外一个人在这个时候打了其中的一个人，那么两兄弟一定会联合起来对抗那个人，这是一种以血缘建立起来的稳固的亲人关系，这种关系使得两兄弟之间即使发生矛盾也会很快解决。

对于企业而言，如果能够与员工建立起这样牢固的合作关系，每个人都在全心全意地为企业发展贡献力量，那么企业的发展就会成为一件简单而愉快的事情。企业在施行这种温情式的管理模式时要充分考虑到以下几个方面：

1. 尊重员工

这是实现温情管理的基础。从员工自我实现心理需求出发，得到尊重是每个员工的根本需求，不懂得怎么尊重别人的人无法成为一个真正有才能的人，而一个不懂得如何尊重员工的企业，同样也无法凝聚企业的力量。在企业生活中，企业制度更要强化对“职能差别”的理解，员工只有职位的不同，没有高低贵贱之分，使得员工能具有一种“主人翁”的精神。这不但可以很好地凝聚员工的力量，同时还能激发员工的创造力与工作热情。

在企业管理中要想实现对员工的尊重，首先要从制度的高度约束不尊重员工的行为，并做出严厉的惩戒，同时在工作安排、环境布置以及管理者的管理方式上，同样要体现出以人为本的原则，不仅要尊重员工的人格，同时要维护员工的合法权益，并尊重员工的劳动成果。尊重员工要注意以下几点：

（1）尊重员工的人格。这是制度公平性的体现，在企业环境中只有职位的不同，没有高低贵贱之分。

（2）尊重员工的劳动。对于员工而言，劳动成果是员工工作过程的体现，它凝聚了员工的热情与汗水，是员工辛苦劳作的结晶。员工在企业中的自我实现就要通过劳动来体现，只有尊重员工的劳动，才能满足员工自我实现的需求，进而激发员工的工作热情。

（3）塑造他们的成就感。对于员工而言，每一项工作或者任务都需要耗费巨大的脑力、体力才能最终得以完成，通过肯定员工的劳动成果，并赋予员工相应的成就感，使员工保持热情的工作状态并不断创造出新的业绩。塑造成就感可以通过奖励、加薪、晋升、通报表扬、表彰鼓励等方式来实现，物质与精神鼓励相结合往往能达到更好的效果。

2. 员工关怀

员工关怀主要体现在两个方面：员工的工作以及生活。通常情况下，企业管理的重心体现在员工的工作上，因而忽视了对员工生活的关心，进而无法使员工真切地感受到企业对其的关怀，并影响其工作的积极性。员工的工作关乎企业的发展，理应受到管理者的关注，然而员工的生活情况往往会影响到员工的工作情绪，忽视了对员工生活的关注会使企业对员工的关怀具有明显的功利性，这很容易引发员工的逆反心理。

对于员工的关心是一种包含了信任、鼓励、肯定等情感因素的行为，我们关心员工并非只是口头功夫，管理者要以实际行动体现对员工的关心，这样才能真正地起到激发员工工作热情的作用。

3. 融入员工群体，了解员工状态

对于管理者而言，高高在上让员工仰视并不能起到很好的威慑作用，让员工敬佩赞同才是最有力的威慑。管理者融入员工群体中，大大地减少企业与员工之间的距离，这样才能给员工以家的温暖，才能使员工真正地具备主人翁的意识。

当然，事必躬亲绝对不是一种好的管理方式，这会使员工感受到管理者

对其工作的不信任，从而打击到员工的工作热情，所以，管理者在拉近与员工之间的距离时一定要谨小慎微，用心地走好每一步。

人性化管理应该“随机应变”

在企业管理中，南风式的管理方式确实会对企业的发展产生重要的影响，然而，这并非意味着“北风式”的管理就失去了其存在的价值。在企业管理中，适当地保持员工与管理者之间的距离，可以在很大程度上避免“关系户”、收贿受贿、管理不严等严重问题的发生。“凡事皆有度”，要根据不同的情况，及时地变更管理的方式，审时度势，这样才更有利于解决问题，而非使问题扩大化、严重化。试想，如果管理者与员工之间到了无话不谈的程度，管理者是否能够公平公正地给予相应的处罚？

员工之间的工作行为除了要相互配合、相互合作，完成工作目标之外，同时还要相互影响、相互制约、相互补充和相互适应，这样才能规范员工的工作行为，保持员工的工作状态，同时营造一个高效的企业氛围。在企业管理中要审时度势、随机应变地解决企业中出现的问题，要注意到以下几个方面：

首先，人才要在最适合其发展的岗位上工作。每个员工有其独特的性格以及不同的工作能力，管理者要根据员工不同的特长来组织安排员工的工作，使员工处于最能发挥自身效能的职位，这样才能充分发挥员工的工作积极性，开发他们的最大价值，为企业的发展做出贡献。同时，我们要结合员工的长处与弱点，综合考虑优势与弱势之间的关系，将员工放在真正适合他的职位上。对于员工而言，某些职位对于弱势的要求并不高，并不会引发重大的损失，这也就需要管理者多关注员工的长处。然而对于有些工作而言，弱势的部分往往对工作的效果产生决定性的影响，在这样的职位上，管理者就要选择一个不具备这样弱势的员工来参与这份工作。例如，财会职位，它不但要求有一定的财会基础，更重要的是要细致耐心，一旦疏忽或粗心很可能使企业蒙受巨大的财产损失。

其次，按需激励。在企业管理中，员工对于奖励刺激的表现往往并不能满足管理者的预期，这来自于激励的内容很可能偏离了员工的需求。对于注重物质享受的员工而言，加薪、升职、福利的激励往往要比表彰、鼓励等措施显得更加有效，而对于注重精神享受的员工而言，如果对于其的激励只体现在物质奖励上而没有让其感受到工作所带来的成就感，这往往会使员工丧失工作热情，对企业发展产生严重的影响。

对于企业而言，要学会婉转地表达企业的最终目的，在关注员工的发展、情感以及自我实现的同时，将企业发展的最终目的融入员工的工作的过程之中。这是一种“兼顾式”企业关怀的表现，更容易拉近企业与员工之间的距离，赢得员工的信赖，并最终实现企业发展的最终目的。

当然，对于自我实现而言，一个人的发展也同样要避免“功利性的表达”，急功近利反而更不容易成功。

后记

管理者如何定位自己的角色？

◎ 原则一：必须摆正自己的位置

作为管理者，下属只要看到了你的行动，就会明白你对他们的要求了。如果你不摆正自己的位置，下属就很难找好自己的定位。这就是一条管理者对自己进行角色定位的常识。它告诉我们，要想成功地管理下属，首先你要成为他们的榜样，身先士卒，起到带头的作用，这会比说教批评更具有影响力。

它同时是一则管理者如何展示自己人格魅力的常识，通过管理者的行为，对员工行为产生影响并使其处于积极的工作状态，一方面可以树立良好的管理者形象，使企业发展处于顺畅的管理状态；另一方面，在一个有能力和有魄力的管理者手下工作，会激发员工的斗志，点燃员工的激情，使员工处于积极的工作状态，促进企业长久有效的发展。

成为一个好榜样

一些潜在的心理会对员工的工作行为产生重要的影响。首先，制度是管理者建立的，它往往针对员工行为，而忽视了对管理者自身的要求。这是一种普遍的员工心理。他们在从事企业工作，完成组织目标的过程中，处处都会受到制度的制约，制度在一定程度上对于员工的行为起到了指引以及约束的作用，但同时也加深了员工对于管理者的偏见。因为制度更多是在限制和约束员工，而不是管理者。尤其在管理者高高在上、居高临下、悠闲自得的时候，他们的这种不满情绪会更加严重，使得员工从心理层面产生了消极的情绪，并进而影响到工作状态。这同时也表达出一种被员工普遍认同的观点：管理者与员工之间存在着管理与被管理的关系。

合作是现代企业倡导的管理者与员工之间的关系，但在员工的潜意识中，他们本身处于被管理者的角色，这也就深化了员工对于管理者管理行为的反抗因素。这也就是我们通常所说的“用管理的方式管理员工，并不能起到最佳效果”。这是一种基于员工潜意识叛逆思维的管理方式，员工就好比一个弹簧，当你不断地给他施加管理压力，他就会不断地积蓄反抗的能量。

当这种能量达到临界点时，就会产生两种效果：

第一，管理者无法抗拒这种反抗的能量而失去管理能力，无法实行有效的管理；

第二，员工失去了反抗能力的同时也失去了工作的能力，他们无法继续工作，甚至从此离开了公司。

管理者与员工之间存在着不平等的关系，这是引发员工反抗管理者管理的根本所在。在日常企业工作中，员工的潜意识思维会判定管理者的某种行为是否对他们具有侵犯性。比如，当管理者下令让员工加快工作进程，而自己却在悠闲地喝着咖啡，那么这种行为就会伤害到员工的情感，进而让他们产生“为什么”“凭什么”等的心理波动，这也就为员工的叛逆行为提供了合理的依据。

从员工的潜意识心理中我们可以看出，他们在企业工作的过程中，会受到管理者行为的影响，加深这种潜意识心理的倾向，进而影响自己的工作状态。当管理者通过自己的行为施加正面的影响时，无疑会对工作起到积极的作用。反之亦然。

然而，在现实的企业管理中，管理者往往忽略了这一点，加深了这种负面的影响，导致问题扩大化、严重化直至对于企业发展产生不可估量的负面影响。

人们都听说过小马过河的故事。小马出生不久刚学会跑，有一天它遇到一条小溪，这条小溪一眼看不到底，让它感到十分害怕——如果水太深了，盲目下水可能导致它失去性命。

于是，它就问旁边的小白兔是否能够渡河，小白兔告诉他水太深了，会被淹死，小马便停止了前进。然而，此时一旁的水牛对小马说，河水很浅，不足以淹没小马，可以顺利地蹚过去。这时，小马又陷入到了疑问之中，犹豫不决。此时，它的妈妈出现了，它什么都没有说，走进小溪顺利地趟过了河，小马看到没有任何危险，也跟着蹚过了河。

这个故事中的小马就如同企业的员工，在为企业工作的过程中总会遇到问题，使他们产生一些困扰。在员工的周围，也总会充斥在小兔子以及水牛的角色，一方面在警告他们这样的行为是危险的，不能尝试；另一方面则在鼓励他们冲破束缚勇于尝试。这两种角色都在制约着他们的发展，使员工产生困惑。

管理者此时应该怎么办？你应该扮演小马妈妈的角色，当他们遇到困惑而不敢前进时，你站出来成为一个好榜样，用自己的行为产生示范作用，让他们放下心中的疑虑，同时也增加了他们对你的信任。在某些工作中，管理者身先士卒的工作方式往往会给员工留下美好的印象，并让管理工作变得顺利和通畅。

起到带头作用

要想别人跟着你转，你就得比他们转得更快，而且要冲在最前面，这就是带头作用。

从员工的潜意识心理中我们可以看出，说教式的管理方式，因为失去了现实的基准而往往不能达到良好的效果，通过行为影响员工，比说教更能起到积极的促进作用。

首先，行为引导是一种基于真实的引导，它有效地解决了说教式的管理所存在的选择性，就像小马一样，当它看到妈妈顺利蹚过了河，它就能真实地感受到，原来蹚过河是一件没有任何危险的事情。

其次，行为引导更具有说服力。基于员工的潜意识心理，员工与管理者之间存在着不平等的关系，当管理者身先士卒地引导员工行为时，这种不平等的潜意识心理就会不攻自破，这更容易引发员工对于管理者的认同，并进而对管理者产生信任、仰慕等美好的情绪，从而使员工更加积极地参与工作。

在这方面，管理者要做到以下几点：

1. 保持管理者必要的权威性

在一个能力不及自己的管理者手下工作，不仅会使员工对自身的前程感到担忧，同时还会使他们对管理者产生信任危机，进而无法积极地参与工作。在工作过程中具备发言权的前提是，在这方面你具有不可置疑的权威或者超过员工的能力，这样才能使你的管理具有可行性。保持自身的权威性，才能保证管理的顺利施行，才能真正实现有效管理。

2. 让自己具备强大的耐力与挑战困难的勇气

我们树立目标并不难，困难在于以自身持续的行为来遵从目标的发展，这“思行”之间的过渡关系，只是停留在想的层面，必然是无法实现自身发展的。当管理者树立了典范并成为员工的榜样，就不能中途放弃，而要坚持下去。如果你产生了松懈，那么就将前功尽弃。这种前后的反差会使员工产生被欺骗感，进而无法信任你，也就没有办法积极地投入日常工作。只是一时的奋发图强不仅不能产生积极的作用，反而会产生一种三分钟热度的负面影响，你会发现他们在一开始工作时积极热情，没几天就变得垂头丧气或失去兴趣了。这时，你就应该反思自己。

3. 不要流露出消极悲观的情绪

对于管理者而言，你的行为以及情绪都将影响到员工的行为。在管理者的模范作用下，这种情绪会逐渐地放大，成为群体的情绪，影响企业的正常发展。当管理者流露出消极悲观的情绪时，员工同样会受到消极的情绪影响而产生消极的工作态度。所以，作为管理者，要控制消极的情绪，积极地解决问题才是面对问题的正确态度。

4. 口号要依附于行为的发生而存在

口号能振奋团队的士气，使团队处于积极的工作状态中，但单纯地运用口号的激励方式来引导员工的行为，具有很强的局限性，一旦管理者言行不一致，就很容易使员工产生怀疑而无法前进。这就好比一个打着“积极奋进，稳抓生产”口号的管理者却在悠闲地喝着咖啡，员工就很容易觉得原来老板嘴上说一套背地做一套，负面情绪就产生了，工作效率就会下降了。口号要依附于行为的发生。管理者以身作则地来实践口号的内容，才能有效地保证口号的真实性与可行性，进而激发员工的工作热情。

传达自己的信心

作为企业的管理者，你的行为方式能够传达出某种管理信心，使你的下属或者员工感受到，并使员工将其作为自身的行为规范，进而成为一种无声的管理模式。作为一个统领全体的首席执行官，很多时候你并不用言语表达你的管理理念，就已经通过行为传达给下属或者员工，这样的管理模式基于真实的情景、真实的行为而往往能够产生更强烈的管理效果。

比如，对于一个时间观念非常强的企业而言，管理者并不用强调对时间观念的重视，你只需要每天准时地上下班，将所有事情在规定的时间内处理完，员工们就可以感受到你对时间观念的重视。进而对自身做出时间观念上的要求，准时上班，准时完成任务，接受的工作要在规定时间内完成，商机就在短短的几十秒……这样一系列的行为准则就很容易在潜移默化中影响员工的行为。

在企业管理中，有效地运用无声管理模式能达到更好的管理效果，把信心传达给下属，这需要管理者要注意以下几个方面：

1. 以身作则

“无声管理”的最低要求就在于管理者的行为散发出了某种管理信念，这种信念会在管理者的日常工作状态中得到体现，并被员工领会成为一种集体的信念。在任何时候，管理者的行为都将对员工行为产生重要的影响，所以管理者要时时刻刻谨记行为准则，以管理信念约束自身行为，并进而影响员工行为。如果时间是你的管理信念，那么记住一切事情要在规定的时间内完成，所有承诺完成的工作要及时地得以体现；如果效率是企业追求的管理信念，那么就要在最短的时间内让员工感受到你自身的工作能力和工作效率。

2. 引导员工主动理解管理者的意图

说教式的管理方式，尽管能够明确地表达管理者的意图，传达明确的态度或者指令，但这往往使员工处于被动接受的状态，无疑会阻碍员工创造力的发展。通过无声管理，给予他们自由空间，并激发工作的主动性，可以有效地使员工主动领会管理者的意图以及周围环境所散发出的管理信息，增强员工处理信息的能力，促使其成为可以独当一面的人才。

3. 环境要符合管理的要求

对于提升信心而言，环境也发挥着重要的引导作用，有效地利用周围的环境，营造与管理信念相符合的氛围，有利于提升管理效率。例如，在一个现代化管理的团队中，现代化是企业管理模式的核心理念，那么你要使员工感受到这样的氛围，就不能在一个陈旧老套的环境中进行。你需要现代的建筑、时尚的装饰、潮流的标志以及设计，这些都可以用来传达企业管理的现代化信念，员工还未进入公司就可以感受到企业的管理信念，进而使我们的管理工作更加顺利通畅。

4. 榜样即是权威

在团队生活中，由榜样所树立起的管理者形象，会逐渐强化成为权威，并使管理者在某个方面或者范畴之内，具有思想或者行为的约束力，这正是企业管理的精髓所在。而对于员工的自我发展而言，榜样树立起的一种成功模式，也能引导他们自身的发展，这无疑会对员工的发展产生积极的影响，减轻管理者的工作负担。

◎ 原则二：保证自己的决策可以产生“完全执行力”

只要是命令，就应该让执行者认真对待、不得用任何理由推托。我们的命令不是廉价的处理品，当任何人都不知道谁该负责的时候，责任就等于零。这就是由剑桥经济学教授查兹·肯特提出的“无折扣法则”，是一个教会管理者让自己的命令有效执行的常识。

“无折扣法则”是一种对于“完全执行力”的体现，它指出了执行力对于实现团队发展的重要性，任何管理者的决策或者命令如果没有完全执行力的支持，就会变为空谈甚至幻想。执行力是将决策或者命令变为现实的最为关键的内容，而完全执行力则能更好地体现决策或者命令的内容，使结果与决策或者命令的内容更加一致。

在团队组织中，管理者与组织成员之间的关系被定义为合作的关系，之所以称为合作是因为管理者通过制定决策与命令实现团队的发展，而组织成员通过实现管理者的决策与命令来实现自身的发展，两者是相互促进共同影响的关系。然而，在这种合作关系中所谓的执行力就成为连接组织管理者与组织成员之间的桥梁，组织成员是否能够实现管理者的决策或者命令，而管理者的决策与命令是否能够被员工接受与理解，就是执行力是否能够发挥作用的前提。

也就是说，作为组织的管理者，你所制定的决策或者下达的命令要能够让组织成员清晰地理解，并且立刻做出行为上的反应，并持续这种行为反应，进而实现管理者的决策与命令，这就是执行力的体现。

传达命令，是管理者魅力的起点

在现实的管理过程中，传达命令是实现命令的开始，也是管理者实现企业管理与愿景的最直接体现，而实现命令则是管理者对于员工的最迫切的要求。“人是被话语统治着的”，这是 19 世纪英国政治学家迪斯雷利提出的，“命”是由“口”与“令”组成的，这也就强调了管理者的命令应该是用嘴来传达的，而非其他的形式。通过语言的传递，员工或者组织成员可以通过体会管理者的语气找到管理者所强调的重点内容，这同时也是一种责任与肯定的传递。当管理者态度严肃、声音洪亮时，这无疑在向员工传达一种紧迫性与严重性，当然如此紧迫与如此严重的问题会交给员工去处理，这也同时传达出了管理者对于员工的肯定与信赖。

执行力体现在两个方面：

第一，管理者的传达。

是否能够清晰准确地传达出命令的内容，让组织成员充分了解到事情的重要性，并合理地安排工作内容的顺序，有效地实现管理者的命令，这是管理者执行力的体现。它对于组织成员的执行力发挥着重要的影响作用，命令模糊不清，或者层次不明、重点不清，都必然会导致组织成员的执行力下降，这使命令无法有效实现。

第二，组织成员的反馈。

这是执行力最关键的体现，组织成员在接到命令之后是否立即做出反应，这种反应是否持续有效，行为结果是否达到了管理者命令的要求，这是员工对于管理者命令的反馈，同时也是执行力的最终体现。

在组织活动中，管理者通过对组织现状以及发展的了解，制定决策或者传达命令，驱使员工为实现决策或者命令的内容而做出努力，这是管理者能力的体现，也是树立管理者魅力的开始。一个成功的管理者在传达命令的过程中，可以体现出其对命令内容的明确性与关注性，组织成员也往往以此来明确对待管理者的态度。如果一个管理者总是提出模糊不清、层次不明、重点不突出的命令，这会严重影响管理者在组织成员中的威信，而一个失去威信的管理者往往不能驾驭组织成员的行为，进而也就无法有效地实现决策或者命令，阻碍组织的发展。

也就是说，管理者传达命令的过程也是一个树立管理者形象的过程，通过树立良好的个人形象来影响员工的行为，对于执行力的发展也将产生积极的影响。在传达命令的过程中管理者需要强调几个方面的内容，来影响组织成员对待命令的态度，进而产生有效的执行力：

1. 重点突出

命令的内容要凝聚为翔实有效的重点，通过突出重点让员工清晰地了解到管理者的命令中的真正意图。一个繁杂冗长的命令，会使员工无法领会管理者的命令中的真正意图，而导致行为失去价值进而对组织发展产生影响。突出重点，明确重点，真实地传达出命令的内容是一个管理者最基础的能力，它可以使组织成员明确要做什么，怎么做，做到什么样的效果，这是一种具有执行力因素的命令。

2. 强调结果而非强调方法

这是容易被管理者忽视的内容，在传达命令的过程中，管理者往往花了大部分的时间告诉组织成员应该如何去做，这一方面会让组织成员专注于过程而失去对结果的考量，使得命令的内容与员工行为的结果出现偏差。另一方面明确的结果可以使员工明确行为以及方式，同样的结果可以通过不同的方式完成，这是一种效率的体现，也是对员工创造力的维护。而同样的方式可以产生不同的结果，原因就在于组织成员对于结果没有清晰的认识，进而使方式以及过程出现偏差，最终导致结果的偏差。

3. 明确对于命令的态度

一个重点突出、结果明确的命令会让组织成员明白命令的意图，进而明确做什么，怎么做，做出什么样的效果，这是对于执行力的最基本的维护。然而，要想实现完全的执行力就要激发组织成员对于完成工作的紧迫感与危机感，这要求管理者要明确自己对命令的态度。一个严肃认真同时声音嘹亮的命令，可以让员工意识到工作的重要性以及紧迫性，并立即做出行为反应，为实现结果而努力。执行力的重点则在于行为的发生，传达明确而有效的命令只是执行力的开始，而最重要的则是行为反应的即时性与持续性。

4. 监督与检查

效率是执行力的直接体现，所谓的执行力就是能够在更短的时间内准确地完成决策或者命令，产生与命令或决策内容相同的结果。在组织成员接受了命令之后，监督与检查就显得非常必要，通过监督影响员工有效行为的持续性，这是一种社会促进效应的影响。管理者的监督可以有效地传达出管理者对问题的重视以及对员工价值的肯定，这可以有效地激发员工的热情与效率。检查是对组织成员工作成果的掌控，这同时也是对于命令内容的把握，通过检查结果，对员工的工作提出要求或者鼓励，使员工进一步明确管理者命令的内容与要求，这种辅助手段是必要的，因为影响结果的问题时刻都在发生。

管理者要意识到，组织的执行力是管理者与组织成员相互配合相互促进的产物，只有有效地维护管理者与员工之间信息的传达与反馈，才能真正实现执行力的完全施行，维护组织的利益，实现组织的发展。

命令需要循序渐进，逐步实现

对于大多数的组织成员而言，他们在某些方面的能力还未得到强化，或者自主工作的能力还未形成，需要管理者的参与才能迅速地执行和实现命令的内容，并同时提升自身的能力，这种状态被定义为管理的执行力发展。

在这个过程中，管理者对于决策与命令的实施发挥着重要的影响，管理者需要对工作过程进行关注与调整，才能最终实现命令和决策的内容。然而，在组织中管理者不能忽视掉优秀员工的存在，尤其是所谓的人才型员工，他们各方面的能力都已经得到了长足的发展，而此时如果管理者仍然用管理的执行力发展来约束人才型员工的发展，那么就很容易使人才型员工的发展受到限制。

虽然这种管理的执行力发展方式，可以很好地避免人才型员工在实现决策或者命令内容时所遇到的问题，但对于人才型员工而言，这种被动接受的方式往往对于创造力的发展产生了重要的影响，此时无管理的执行力发展将会更适合人才型员工的发展。

所谓无管理的执行力发展就是指管理者只确定决策或者命令的内容，明确命令的结果，而不干预员工的工作过程，只对结果做出考量，这是人才型员工的初期管理方式。当人才型员工的发展进入到自主状态时，也就是说员工可以自主地制定目标或者规划，影响组织发展的时候，管理者可以适当地放弃对员工的管理，只提出自己的要求，而不做具体的决策或者下达命令，让员工自主。

组织成员在组织中的发展是一个由被动变主动的过程，在这个过程中，组织成员对组织的了解日益深刻，对于组织发展的需求也日渐清晰，自身所具有的能力也得到了长足的发展。这个时候适当地放弃管理，可以有效地维护员工自主的发展，这样往往更有利于实现组织的长远发展。要意识到组织并非英雄的组织，一个英雄也无法满足组织的发展，当你离开或者不在的情况下组织还能继续持久有效地运行，这才是一个管理者应该考虑的。

无管理的执行力发展，首先，它肯定了组织对于人才的重视。这对于激发组织成员的发展具有重要的意义，组织成员没有发展的激情大多来自于没有发展空间的环境；其次，多元化的管理模式，使得组织具有了多向性的发展空间。

对于组织发展而言，一个管理者的管理以及发展具有单调性，这不但会影响组织成员的积极性，对于组织的发展而言也往往失去了多向性的考量。无管理的执行力发展可以有力地扩充这种单调性，并对多向性的组织发展提出参考意见，管理者要意识到只有一个的时候不管其好坏它都将成为最好的，而当出现了第二个的时候，相比之下就可以找到更好的；另外，这是对组织整体性的维护。一个组织之所以会涣散、不团结，往往在于组织成员只能听到一种声音，不管其是否适合自身的发展都将成为唯一的规范。而无管理的执行力发展则会为另一种声音提供支持，有效地维护了更多成员的利益，这样才能使得组织成为一个统一的整体，组织成员才能真正地将个人发展融入组织发展的过程中。

任何人能力的体现最终都会归结于执行力，当你没有能力制定策略发出命令时，只有通过不断的实践并完成命令提升自身的能力，才能求得发展。当你有能力制定策略并发出命令时，清晰、明确、有效的命令同样是你执行力的体现。

管理者一定要记住，一个人的发展永远不可能实现巨大的成功，当你没有能力的时候应听从管理者的命令，当你具备能力的时候要用你的能力发展别人，让自己拥有一个强有力的团队，这是对于成功最好的阐述。

◎ 原则三：让下属能够各司其职

一个累坏了的管理者，一定是一个无能的管理者。在管理者应该具备的角色定位的常识中，很重要的一点在于，他应该懂得怎样让别人干活，而不是什么事都由自己包办。事无巨细、事必躬亲的管理方式，虽然很受一些老板的欢迎，甚至以此为荣，但结果——不但降低了企业管理的效率，同时也滞后了团队中人才的发展。一个优秀的管理者的能力在于如何发挥群体的力量来完成团队的目标。

一个人的力量即使再强大，也无法超越团队的力量，合理地利用团队的力量，发挥员工在企业工作中的价值，这样才能在促进员工发展的同时实现企业的发展。如果作为管理者在企业管理中感到劳累并疲惫，那么这个管理者必定是一个失败的管理者，他的团队也必定是一个没有竞争力的团队。

走出“自我中心”的误区

在企业的发展中，员工与管理者之间存在着合作的关系，这种合作关系使得双方处于互信的状态，进而促使团队发挥出最大的效能，这是一种企业管理的最佳状态，同时也是管理的智慧所在。

有这样一个小故事，一个小男孩问迪士尼的创办人沃尔特：“米老鼠是不是你画的？”沃尔特回答：“不是。”然后小男孩继续问他，“你是不是负责想点子？”沃尔特仍旧回答：“不是。”这让小男孩感到非常疑惑，于是问沃尔特：“那你都干什么？”沃尔特想了想回答他说：“我就像一只蜜蜂，从公司的一个角落飞到另一个角落，搜集点儿花粉，然后为员工打打气，这就是我的工作。”

对于管理而言，沃尔特是一个出色的管理者，他知道如何发挥员工的最大才能，他知道企业发展需要人才，同样需要创造人才，同时他也知道，团队合作的力量远比他一个人的力量要大得多。

管理者在管理企业的过程中，往往会陷入以自我为中心的管理误区，管理者通常认为能够处理这些事务的人只有自己，即使别人有能力去做，管理者通常也会担心他是否能做好，是否会出乱子。与其这样担心不如自己去做，于是一个劳累而又疲惫的管理者诞生了，你可以看到，虽然这样的管理者每天都处于繁忙的事务中，但管理的效率是低下的。事无巨细、事必躬亲，这样的管理方式很容易伤害到员工的自尊，进而产生信任危机，危及企业的发展，这样的管理方式往往会产生以下方面的影响：

1. 管理者焦头烂额，员工不知所以

管理者忙于繁杂的事物，而员工却常常不知道自己该做什么以及如何做。这就形成了一种管理者在处理问题，员工却不知道如何配合的现象，往往在管理者做出正确的决策时，员工也不知道如何去实现管理者的决策。因为员工对决策的内容只有书面的了解，没有深刻的领悟，这也就造成了信息传递与回馈之间的时间浪费，形成了一种低效、持续的管理状态。

2. 严重地影响员工的创造力的发展

这样的管理方式，使得员工处于一种被动接受的状态，管理者统领发展的决策与安排，员工只负责实施工作进程，完成组织目标。这就使得员工的工作陷入机械与被动的局面，员工当然也就没有了创造力可言，员工的能力得不到发挥更无法发展，于是企业就走向了一条逐渐消亡的道路。

3. 员工对于企业失去信心

当管理者忠于这样的管理方式，就很容易产生集权的现象，所有有效的权力集于管理者自身，即使放权，管理者也会大加干涉，这种方式体现出管理者对员工极大的不信任。员工同样能够感受到这种不信任，进而产生对企业的不信任，在相互不信任的关系中，有效的合作、信息的传递、管理的施行就会屡出问题。

4. 企业进入“后续乏才”的困境

自主性是人才具备的最重要的特征之一，管理者以自我为中心使得人才处于被动接受的局面，自主性受到严重的打击而无法发挥自身的才能，发展受到限制。于是，有才能的人离开了公司或者埋没于管理者的管理之下，这就使得企业处于无人才可用的状态，当然企业发展也会面临巨大的考验。

牢记自己最重要的职能

对于管理者而言，将企业发展所面临的问题交给员工去处理解决，并非一件容易的事情。当然在重大问题以及突发性问题上，管理者要具有绝对的干预与决策的权力，这可以保证企业发展不会受到严重问题的冲击。在日常工作中，权力下放是管理者的一种智慧，这不仅体现出企业对员工的信任，同时也体现出企业对人才发展、员工进步的关注。也就使得企业站在了员工的角度上考虑问题，进而使员工对企业抱有绝对的信任与赞同，并产生积极的影响。这样的管理方式具有很多方面的优势：

首先，相互信任能形成巨大的凝聚力。一个团队的合作精神体现在相互信任的基础上，一个相互信任的团队必定是一个高效率的团队。信任所产生的凝聚力是超乎想象的，往往会给管理者意外的惊喜。在这种巨大的凝聚力的影响下，企业整体处于积极、合作、沟通的氛围中，并在不断地解决问题中增强“战斗力”。这样的团队氛围，对于员工的发展以及团队能力的提高，都将起到关键性的影响。

其次，权力与责任下的各司其职。当企业给予员工极大的肯定，员工将会发挥出自身最大的能力，努力满足并实现企业所寄予的希望。管理者要深刻地感受到这一点，在信任的关系中，满足对方的需求或者愿望，将会对个体的发展产生巨大的吸引力。

当员工具有了某权力之后，就会被赋予相应的责任，在这种责任的驱使下，员工会努力地满足企业所寄予的期望，并积极形成一种更为紧密的信任关系。这是一种心理层面的需求，是一种潜在的无法抗拒的动力。

再次，提升效率。这样的管理方式可以使员工清晰地明白自己该做什么以及如何去做，从而围绕着组织目标展开工作。在配合、沟通以及反馈的工作过程中，不断加深合作关系，使得团队的效能得到有效的发挥。不但促进了员工自身的发展，同时使企业管理和工作的效率都得到很大的提高。

最后，员工与企业相互促进，共同发展。在相互信任的合作关系中，一方面，员工自身可以很好地融入企业发展的过程中，使员工与企业发展形成合力。

最后，培养人才提升企业形象。企业形象对于促进员工发展至关重要，它直接影响到员工对于企业的态度，并产生相应的情绪促进或影响企业的发展。当员工与企业处于相互信任的合作关系，管理者对于员工行为不加干涉，员工自身的创造力就会被激发，进而使自身得到有效的发展。人才是企业的核心，企业要具备良好的培养人才的机制与模式，才能得到迅速发展。

培养和建立员工的自主意识

思维齐亚是一家大型企业的管理者，在管理方面思维齐亚有着广泛的经验，在面对员工的问题时，他大部分的回答都是这样的："在你的权限之内有更好的办法，你不应该找我。"这是一种智慧的放权，它使员工在遇到问题时，可以在权限之内自主寻找到解决问题的好方法，这也就提升了员工自主解决问题的能力，对于企业发展而言这将起到积极的影响。

正如思维齐亚所说，在权限范围之内，寻找更好的解决问题的策略，能够充分地激发了员工的自主意识，而它隐含着"你是这个企业的主人，当它出现问题时你有责任有义务解决这些问题"的含义。在这样的管理方式中，员工的主人翁意识被充分地唤醒，员工对企业的归属感、责任感以及紧迫感、危机感也随之增加。这样就使得员工成为企业真正的主人，促进了团队间、员工间的合作，促进了企业的发展。

那么，作为管理者如何营造这样的企业氛围？

1. 强化员工的责任感

放权于员工之后，必须让员工意识到与权力相关的责任，在责任压力的影响下，促使员工尽心尽职地完成本职工作。同时，对于员工发展而言，责任意识至关重要，一个专注于权力而忽视责任的员工，很容易被官僚主义的阴影所迷惑进而扭曲了自己的发展道路。所以，在员工的工作过程中，企业要不断地强化员工的责任意识，在适当的时机，采取适当的方式让员工意识到自身所担负的责任对实现企业发展的重要性。

2. 强化员工的合作意识

企业管理并非管理者一个人的事情，同样也是员工自身的事情，企业发展所面临的问题，只有通过员工之间的相互配合才能解决。所以，作为管理者，要使员工充分地认识到和同事进行密切合作的重要性。当员工在工作过程中遇到问题时，不要急于用自己权力之便帮助员工解决眼前的问题，而是告诉员工在他的职权范围内还有更好的解决办法，这样可以加深员工的合作意识，提高其自主解决问题的能力，使企业成为一个以合作为中心的整体。

3. 强化员工的发展意识

在不断解决问题的过程中，员工自身的能力得到了提升，也就能为企业发展做出更多的贡献，这可以有效地促进员工与企业的共同发展。

对于管理者而言，员工的发展关乎企业的命运，在促使企业与员工共同发展的过程中，有很多值得深思的问题，管理者需要站在员工的立场上，放手管理，成就员工的发展。也就是说，成功的管理者在运用人才的同时更能培养人才、造就人才。

◎ 原则四：与同为管理者的同事搞好关系

如果高级管理者之间都不能互相信任，那么集体管理就会受到消极影响而产生恶劣的结果，这一条原则是由爱德华提出的。它指出了企业间的权力危机，一旦高级管理者之间产生权力或者利益纠纷，就难免会产生信任危机，进而对企业的集体管理产生重要的影响。

我们知道，占大多数的员工是企业发展的后盾，在企业发展中占有重要的地位。然而员工所组成的群体具有一个特殊的性质，那就是方向感不强，由于对于企业发展方向以及政策制定没有充分的了解，员工经常处于一种为了工作而工作的状态。

简单地说，员工的工作行为受到了领导或者上司的指引，很大程度上这已经成为员工施展工作行为，为企业发展产生影响的重要方式。而工作安排是管理者对员工最直接的管理方式，通过员工与员工之间、员工与管理者之间的有效配合来实现工作任务的完成，最终促进企业的发展。

由此，我们可以发现高级主管以及管理者对于员工的行为有着重要的影响，正确而合理的指示，将会转变为有效的生产力促进企业的发展，而错误或不合理的指示，会对企业的发展产生不利的影响。

合作首先自上而下

管理者的有效合作影响着组织的命运，因为部门的效率往往受到部门管理者之间合作效率的影响。如果你曾经在行政部门工作，你会发现当行政主管与各部门主管之间相处融洽时，一个新政策或者新指令的下达往往是准确而高效的。一旦行政主管与部门主管之间产生利益冲突，双方陷入信任危机中，新政策或新指令的下达就会受到严重的阻碍，也加重了管理者之间的信任危机，进而导致管理混乱。这就好比是1+（-1）=0一样，高层管理者之间的内耗往往使整个企业群体产生内耗式的竞争。

管理者对于权力以及利益的追求是企业发展无法避免的问题。对于管理者而言，通过了漫长的工作以及努力，实现了自身的发展并达到一定的职位，对于维护或者扩大自身利益往往有着更为迫切的需求。

可是，在企业发展的过程中，管理者之间的合作关系，往往会受到自身或者企业环境的影响而发展成为竞争关系，随之而来的就是让企业头疼的组织内耗问题。组织内耗侵蚀着企业的资本以及发展的势头，使企业发展陷入一种空虚又消极的环境中，并最终造成恶劣的影响。

企业是一个包含了决策者、管理者以及员工的整体，在这个整体中，各个角色之间的相互配合促进着整体的发展。然而，基于权力或者利益的问题，组织内耗往往会影响到整体的发展，从更加深远的层面上影响着企业的发展。

警惕高层的权力争斗

有一种叫作“共命”的双头鸟，两个具有独立思维的头共用一个身体。也就是说只有当两个头保持高度的一致时，它们的行为才会更加顺利流畅，如果一个头想往左另一个却想往右，那么鸟的行为就会变得非常不和谐而且行动缓慢。

这天，两个头之间产生了分歧，分歧的原因并不明确，然而这导致了其中一个头对另一个头的极大偏见。虽然另一个头总是做出让步并且极力解释，但都没有起到作用。直到有一天，两个头之间终于爆发了战争，在一次进食中，善良的头告诉另一个头：草莓是有毒的。而另一只头对它的警告充耳不闻，它甚至想通过吃草莓来毒死善良的头。

不久之后，这只名叫“共命”的鸟就因为食物中毒而死去。

从上面的事例中我们能够看出，导致“共命”丧命的关键原因来自于对于权力的追逐，一个头极力地想控制另一个头的思想与行为，使其符合自己的思维。对于连体的两个头而言，“想做什么就做什么”必须要取得最高的管理权力，这样才能控制对方的行为来满足自身的愿望。

可是，它忽视了另一个头的主体部分，另一个头对于身体的管理也享有一定的权力，其实另一个头也已经反映出了对于权力的欲望，如果一开始它就顺从另一个头的管理，最终的死亡也是可以避免的。问题的关键就在于两个头同时对于身体具有管理的权力，但不能保持思想上的一致。

对于企业管理而言，高层管理者之间的权力竞争与“共命”有着相似的成分。追逐权力是高层管理者都会具有的特性，这在某种程度上促进了个人以及企业的发展，因为想要拥有某种权力就必须要具备相应的能力。

然而，随着竞争的升级，良性的竞争模式被打破，而恶性的竞争模式逐渐露出苗头并发挥了巨大的作用。拉关系、走后门已经逐渐成为企业中的普遍现象，利益集团为了维护自身的利益也往往在职位的任命中选择了“关系户”或者“无能者”，这就使得企业的发展掉进了恶性循环的状态，不但造成了巨大的资本消耗和人才浪费，同时对于企业的发展也产生了巨大的阻力。

将权力竞争扩大到日常生活中也是同样适用的，夫妻不和、父子不和或者同事关系不和睦的原因也大多来自于“权力”的竞争。比如，在孩子的教育问题上，如果夫妻双方各执一词不能统一，也就是说夫妻在管理孩子的“权力”上产生争论，那么一方就会强烈反对并且不信任另一方的教育方式。

这在混血人种的家庭中是非常常见的，因为社会背景以及历史影响的不同，双方往往会在教育方式上产生分歧，一旦这种分歧扩大到不信任的程度，那么孩子的教育问题就很难解决。因此而引发的夫妻问题往往会对孩子的人格、世界观、人生观的树立产生负面的影响。

信任是一切管理的基础

信任是一种复杂的社会与心理现象，它是合作的开始，也是企业管理的基石。在一个信任的环境中，个体将处于最佳的工作状态以及情绪状态，并因此而爆发出极强的创造力，对于企业产生积极的影响。信任首先意味着和谐的程度，相信大家都玩过一个考验信任度的游戏，一个人站在高处闭着眼往后倒，而身下有一群人双手并拢接住他。相互信任的群体往往能在很短的时间内完成这个游戏，反之则很难完成这个游戏。

在一个相互信任的群体中，秩序井然成为一种常态，各部门之间的合作有效并畅通，同时，信任能使群体处于一个积极发展的氛围中，并形成一种乐于助人、互帮互助、共同发展的精神面貌。这样更有利于团队的进步以及发展，从而满足企业发展的需求。

在企业管理中破除高层管理者之间的不信任状态，创建一个和谐的管理环境就显得尤为重要。在利益、权力发生冲突的环境中，高层管理者很难凭借自身的意志抵制诱惑，这就很容易形成一种高层管理者的不良之风，影响到整个企业的发展。企业首先要建立完善健全的管理制度，管理制度要重点体现几个方面的问题：

1. 权责分明

这样可以使高层管理者各司其职，明确其权力的同时也要明确其所担负的责任，任何影响到企业发展的行为都要受到相应的惩罚。授权的目的在于简化工作的流程，提升工作的效率，这同时也意味着权力者将要为权力施行所产生的问题与损失承担重要的责任。

2. 公正而且有效的晋升机制

就中小企业而言这点尤为重要，大企业往往因为历史原因而导致了高层管理者之间已经形成了利益集团，任何可能对利益集团产生影响的行为都会受到阻碍，即使它对企业的发展是有利的。人才的晋升也就因此受到了限制，它不但使利益集团越发强大，同时还使企业高层会聚了大量的无能之辈，降低了企业的实力。监督与约束，是实现纯净晋升机制的根本，在晋升机制中，管理者要充分考虑到这两点内容。

3. 信任源于约束

没有约束就没有信任，在受到约束的范围内，更容易建立起相互信任的关系，这就好比真正的自由是在法律以及道德约束之内的一样。企业首先要对高层管理者的行为进行约束，什么样的行为是不正确的会受到谴责，什么样的行为是有违“法律”的会受到制裁，这些都要有明确的界定。

4. 有效的监督和反馈机制

高层管理者之间的问题往往可以在基层员工的工作中得到体现，当员工工作效率出现意外的大幅度下降时，企业就应该考虑是不是高层管理者之间出现了问题。建立一个有效的监督反馈机制，可以及时和高效地将这些信息传达给决策者，有利于统筹分析导致问题发生的根本原因，进而做出符合企业实际的最好决策。

同时，对于高层管理者自身而言，必须要意识到权力越大自己所肩负的责任就越大，对于企业的发展所产生的影响也会越大。高层管理者必须要严格约束自己的行为，在约束的范围内有效地行使自己的职权，并同时担负责任。明确自身的使命感以及责任感，将自身的发展目标与企业的发展目标相融合，当高层管理者都能具备这样的素养时，企业环境将更加和谐，企业发展将更加顺利。